尽善尽美   弗求弗迪

ECONOMICS

无情的经济学

24小时读懂
50个经济学关键词

50
ESSENTIAL
IDEAS

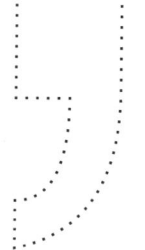

［英］泰伊凡·佩廷格（Tejvan Pettinger）/ 著

刘一姣 王宇辰 / 译

電子工業出版社
Publishing House of Electronics Industry
北京·BEIJING

Economics: 50 Essential Ideas

Copyright © Arcturus Holdings Limited

Published by arrangement with Arcturus Holdings Limited.

本书中文简体版专有翻译出版权由Arcturus Holdings Limited授予电子工业出版社。未经许可，不得以任何手段和形式复制或抄袭本书内容。

版权贸易合同登记号 图字：01-2024-3047

图书在版编目（CIP）数据

无情的经济学：24小时读懂50个经济学关键词 / (英) 泰伊凡·佩廷格 (Tejvan Pettinger) 著；刘一姣，王宇辰译. -- 北京：电子工业出版社，2025.1.
ISBN 978-7-121-49004-0

Ⅰ. F0-49

中国国家版本馆 CIP 数据核字第 2024C2A941 号

责任编辑：王小聪
印　　刷：三河市兴达印务有限公司
装　　订：三河市兴达印务有限公司
出版发行：电子工业出版社
　　　　　北京市海淀区万寿路173信箱　　邮编：100036
开　　本：880×1230　1/32　印张：8.75　字数：204千字
版　　次：2025年1月第1版
印　　次：2025年1月第1次印刷
定　　价：79.00元

凡所购买电子工业出版社图书有缺损问题，请向购买书店调换。若书店售缺，请与本社发行部联系，联系及邮购电话：(010) 88254888，88258888。

质量投诉请发邮件至zlts@phei.com.cn，盗版侵权举报请发邮件至dbqq@phei.com.cn。

本书咨询联系方式：(010) 68161512，meidipub@phei.com.cn。

译者序

在人类社会波澜壮阔的历史画卷中，作为最基本的一项要素，经济活动决定着这幅画卷各个局部的底色。经济学则是以人类经济活动的本质与规律为研究对象的学科，它还涉及政治、科技、文化、环境等社会生活的方方面面。经济学既是人文社会科学中所辖内容最广泛的学科之一，也是被非专业人士提起时，常常让人感觉一头雾水、不知从何学起的一门学科。倘若你无力钻研经济学经典著述，无暇通读经济学专业教材，却仍有兴趣概览这门学科的精髓，那么，诚意推荐你阅读本书。

本书是2023年由英国经济学者泰伊凡·佩廷格于英国伦敦出版的一部关于经济学精要思想的著作。全书共分为50章，每章都聚焦于一个西方经济学的重要概念（如弹性、滞胀）或一个典型主题（如全球化、幸福与经济学），用简明平实的语言，以图文并茂的方式进行阐述。租房、吃巧克力、逛公园、去健身房等普通人的日常生活经历是常用的引子；比特币、贸易战、新能源、房价波动等当今世界的各类现象是常见的例子。这种文风使得原本晦涩的西方经济学理论或模型变得通俗易懂。虽然全书的结构淡化了微观经济学、宏观经济学、国际经济学、发展经济学、环境经济学等经济学专业课程之间的刻板界限，但看完本书会使你在轻松愉悦的阅读体验中对这些专业课程的诸多内容有一份初步而又清晰的认知。

感谢北京第二外国语学院经济学院副院长罗立彬教授的引荐，感谢电子工业出版社资深编辑杨雯老师的信任，我承接了翻译本书的任务，并确定了分工：由我负责第 1～40 章的翻译及全书校译，由王宇辰负责第 41～50 章的翻译。经过一个暑假的全天候沉浸式翻译，以及耗时一个月的全书校译，齐、清、定的译稿如约完成。感谢搭档王宇辰的倾力配合，使得各个环节的翻译或修改工作总能按时保质地完成。感谢杨雯老师细致、辛劳的编辑工作，使得本书得以付梓出版。

感谢母校中国人民大学经济学院国际经济系的培养和恩师黄卫平教授等诸多老师的教导，使我具备了一定的专业功底，拥有了翻译本书的勇气。感谢七旬父母对我在精神和生活上给予的无条件的支持，使我能心无旁骛地完成这项高强度的翻译任务。感谢爱人的陪伴，他时常被我要求参与到针对个别语句的逻辑或措辞的推敲讨论中来，随时充当我忠实且智慧的聆听者。

这个暑假，我放弃了一切休闲和社交活动，全身心地投入书稿翻译中。因纠结于某段原文到底该做何理解才能使逻辑上通达，有时我会在夜深人静时如坠深渊一般陷入冥思苦想之中，而当头脑清醒、思维活跃、灵光乍现、"堵点"疏通那一刻到来时，那份狂喜令我难忘。为了让译稿在遣词造句上更通顺，更合乎国人的习惯，逐字逐句修正后的那份欣喜也令我难忘。边翻译边顺手在原稿上用彩笔做标记，期盼日后能将其作为例子融入课堂教学，这种"搭便车"式的小小窃喜还令我难忘。

尽管我曾在应用经济学一级学科下辖的国际贸易专业学习了十年，而后从事相关教学工作又有了十余年光景，也具有若干著作的翻译经验，但在翻译本书的过程中，我仍然感到诚惶诚恐，如履薄冰，不敢有丝毫怠惰。翻译过程的艰辛让我真切体会到：对百余年前严复先生所言的"信、达、雅"这"译事三难"的追求是永无止境的，人工智能无法完全取代人类的翻译工作；翻译是一门艺术，没有最佳只有更佳。

由于个人学识与能力有限，书中的纰漏或错误在所难免。恳请各位读者海涵，并不吝批评指正，在此一并致谢。

刘一姣

2024 年 7 月 16 日

序言

经济学的影响就在我们身边。然而，要想理解这些经济力量是如何影响我们生活的，却可能很难。

想要更清楚地理解那些影响我们的重大经济问题，需要先了解一些概念。帮助解释这些概念正是本书的初衷。学习经济学的挑战之一，就是知晓从哪里开始；有些经济问题之所以很难理解，就在于其变量太多、太复杂。在这本书中，我们将首先解释基本概念，而后再以这些概念为基石，更好地去理解经济学这个令人着迷的学科。

探索经济学的一种方法是，从经济学的两个不同分支——微观经济学与宏观经济学的角度去考虑问题。微观经济学研究的是那些相对较小的问题，如单个市场、企业的运营方式以及各种经济机制。例如，你可曾想过我们是否会从新技术中受益？当18世纪一些熟练工人的工作被更高效的机器取代时，他们愤然捣毁了这些机器。这些工人后来被贴上了"卢德分子"的贬义标签，而卢德谬论的观点就是新技术对我们的整体经济前景有害，这个看法是错误的。

虽然我们可以同情失去了高薪工作的熟练工人，但是我想很少有人会愿意让时间倒退，回到18世纪时的生活水平。尽管现代经济中存在着各种问题，但值得注意的是，在过去几个世纪里，人们的生活水平确实得到了显著的改善。经济一直是生活水平与社会机遇能够产生急剧变革的基础。

这就是宏观经济学的视角——着眼于整个经济图景以及国民经济在全球经济中的表现。

如果我们失业了，这就是一个微观经济学问题。相比之下，大规模失业的出现则成了全国性的问题，而且是一个可能需要政府去干预的经济问题。

最常出现在日常新闻里的，正是这些宏观经济状况。通货膨胀为何突然飙升？我们应该担忧自己的国家对某国的贸易逆差吗？弄清楚这些宏观经济问题会让我们更好地理解价格上涨或生活水平停滞不前的原因。

当然，宏观与微观经济学之间的划分一定程度上是人为的。石油价格的上涨既影响本地细分市场（通过提高汽油价格），也影响整个全球经济，会带来通货膨胀和经济增长放缓的威胁。

我希望你通过阅读本书，会明白经济学既是一门科学，也是一门艺术。数学可以带给我们正确且确定的答案，但是经济学却很复杂，需要我们对各种不同的可能性及不同的解决方案都保持

我们可以把经济学划分为两个分支：微观经济学与宏观经济学。

一份感知力。

经济学不能被归结为一种简单的意识形态,或者一种过分简单化的回答。有人说,问七位经济学家同一个问题,你可能会得到八个不同的答案。经济学也许会令人沮丧,但它确实让事情变得有趣!就卢德谬论而言,你稍后也会发现,我们仍有理由对新技术的快速运用保持谨慎。

如果你有兴趣对我们生活于其中的经济体系进行更为广泛的理解与判断,那么,这本书将对你非常有帮助。

目　录

第 1 章　货币 ·· 1
第 2 章　经济增长 ·· 7
第 3 章　经济增长的极限 ··· 13
第 4 章　供给与需求 ··· 18
第 5 章　机会成本 ·· 24
第 6 章　分工 ·· 28
第 7 章　边际革命 ·· 32
第 8 章　收益递减 ·· 37
第 9 章　自由市场 ·· 42
第 10 章　垄断 ·· 46
第 11 章　博弈论 ·· 51
第 12 章　定价策略 ·· 56
第 13 章　弹性 ·· 61
第 14 章　供给侧政策 ·· 67
第 15 章　激励机制 ·· 73
第 16 章　价格管制 ·· 77
第 17 章　通货膨胀 ·· 81
第 18 章　通货紧缩 ·· 87
第 19 章　滞胀 ·· 93
第 20 章　经济衰退 ·· 97
第 21 章　失业 ·· 103
第 22 章　繁荣与衰败 ·· 109
第 23 章　政府借贷 ·· 113
第 24 章　公共物品 ·· 118

第 25 章	私有化	124
第 26 章	债券市场	129
第 27 章	汇率	134
第 28 章	国际收支	139
第 29 章	货币政策	145
第 30 章	流动性陷阱	151
第 31 章	乘数效应	156
第 32 章	比较优势	161
第 33 章	全球化	165
第 34 章	关税与自由贸易	171
第 35 章	欧元	176
第 36 章	对外援助	181
第 37 章	不平等	186
第 38 章	最低工资	192
第 39 章	行为经济学	197
第 40 章	道德风险	203
第 41 章	现代货币理论	208
第 42 章	幸福与经济学	213
第 43 章	外部性	219
第 44 章	碳定价	225
第 45 章	石油与替代能源	231
第 46 章	沉没成本谬误	236
第 47 章	卢德谬论	242
第 48 章	创造性破坏	248
第 49 章	移民的影响	254
第 50 章	房地产市场	260

第1章

货币

货币被广泛认可为一种交换手段。货币还具有其他职能：一种财富储备，一种延期付款（债务）的形式，一种用以提供相对的价值度量方法的记账单位。

大多数形式的货币都由一国的中央银行发行，中央银行就是其发行货币的担保人。如果没有货币，各经济体就需要依赖一种易货式的系统，即每个人都以商品和服务相互交换。货币是使我们能够专门从事某些工作的一个关键因素，有了货币，我们才能以金钱的形式获得报酬，而不必生产特定的商品去进行易货。

内在货币

货币源自其与一种具有内在价值的物质的绑定。例如，开发金币是不受约束的，因为黄金本身就有很高的价值。即使你把一枚金币切割成两半，每一半黄金也依然会有其内在价值。而全然依靠贵金属的问题在于，能够服务于流通的货币的数量会因此而受到限制，并且，黄金的价格会因投机买卖而上下波动，这就意味着，金币的价值可能并不如我们所想象的那样稳定。

无情的经济学

什么是货币？早期的货币是金币，但是在现代，货币包括纸钞以及人们银行里的电子账户结余。

法定货币

早期的银行开始发行纸钞时，每生产一张纸钞，银行都会承诺：可以向其持有者支付一笔黄金。只要个人信任发行纸钞的金融机构，这种"法定货币"——没有内在价值的货币——就可以作为法定货币被使用与认可。在现代，大多数货币以电子存款的形式存在于商业银行中。我们相信，如果我们去银行支取现金，银行就能够提供我们所要求支取的现金。为了确保银行体系的稳定性，中央银行扮演着最后贷款人的角色。所以如果一家商业银行资金短缺，它可以去中央银行求得短缺的现金。如果有必要，中央银行可以印制（或创造）货币，以应对所有的流动资金短缺。

货币供给

当前流通中的货币量有多少？美国2021年初的这个数字是2.04万亿美元，不过据估计，其中约半数是在美国以外流通的。然而，这些现金只是美国货币供给的一部分。一个更广泛的定义叫作M0或基础货币。美国的M0既包括现金，也包括美国各商业银行在美联储的经营性存款。自2008年以来，由于美国持续实施量化宽松政策,其基础货币量显著增加。然而,即使是这种基础货币,也只是经济中有效货币的一小部分。货币更加广泛的定义不仅包括现金,还包括银行中的储蓄存款及零售货币市场基金中的存款。2021 年,对货币供给更为宽泛的度量指标 M2 在美国为 21 万亿美元。M2 也是一种衡量货币供给的指标,它包括现金、存款以及能够很容易地转换为现金的资产。

准货币

有些金融对象可以被归类为准货币。这意味着它们确实具有价值储备的职能,但是在把它们转换为交换媒介时,却可能遇到阻碍。例如,如果你有一张借记卡,就可以动用你在电子银行里储备的资金去购买商品,但是使用一张政府债券去购物

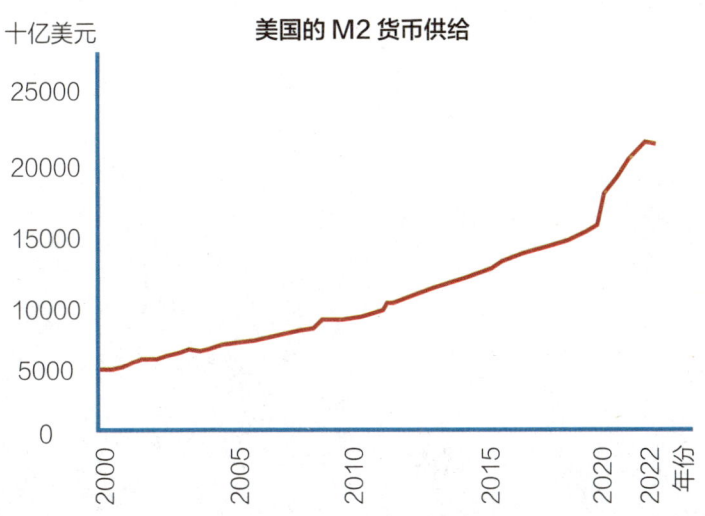

由于采取货币及财政刺激措施以应对新冠病毒,美国 2021 年的货币供给激增。

却是不可行的。然而，你可以轻而易举地在债券市场上出售债券，获得现金后再去购物。因此，债券等准货币虽然与货币近似，却不足以被归类为货币。

比特币与加密货币

近年来，比特币等货币的新形式已被人们创造出来。构建比特币的想法是，创造一种不依赖货币当局的货币形式，而且这也不存在出现通货膨胀的可能性，因为只有固定数量的比特币存在着。从理论上讲，比特币具备货币的某些职能，因为有人接受它被用作交换手段，并且它也可以被用来估量一部分商品与服务的价值（通常是在黑市上）。然而，其普遍适用性的缺失也意味着，比特币并不能等同于货币。如果你想用比特币

像比特币这样的加密货币是 21 世纪出现的一种新的货币形式。

第 1 章 货币

去支付油费或学生贷款,那是不会被接受的。有些地方可以把比特币兑换为现金,但这种交易并不总是畅通无阻的。此外,比特币和新的加密货币的价值已经被证实是十分易变的,其价格会因市场情绪而上下波动,这凸显了它们昙花一现的本质。因此,许多投资者在卖出比特币换得现金时,会发现其价值比他们所期望的要低得多。

印钞

中央银行控制货币供给的一个结果,就是各国政府都会面临以印制货币来应对经济危机的诱惑。印钞是一种让政府得以

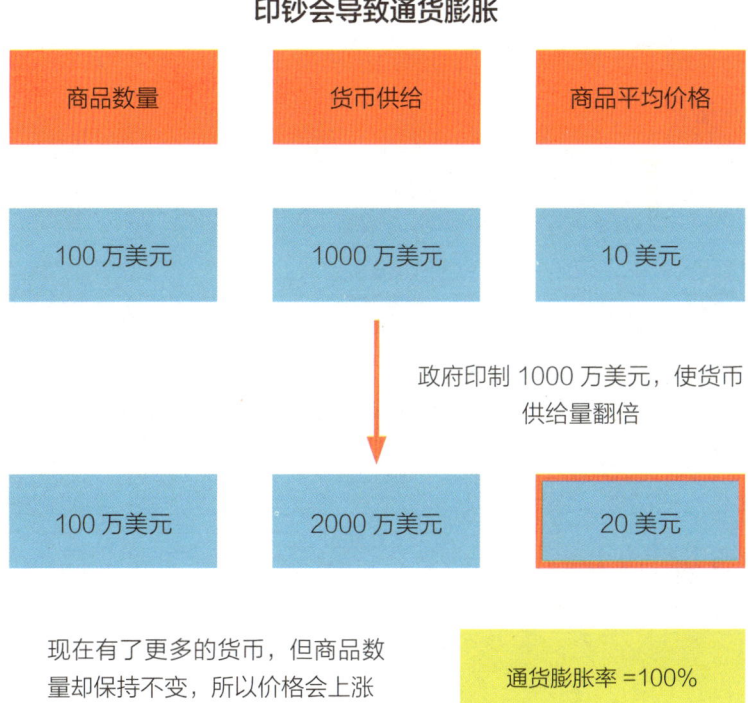

无情的经济学

支付货款或支付劳动者薪水的权宜之计，但是印钞既不能创造产出，也不能解决潜在的经济问题。当货币供给翻倍而商品数量却保持不变时，经济就会出现过多的货币追逐数量不变的商品这样的局面。为了顺应更多货币的需求，企业就会推升物价。也就是说，印钞通常都会引发通货膨胀，而劳动者享受的也只是收入更高的错觉。过去，有不少经济体都以高于实际产出增长的速度去增加货币供给，因而陷入了严重的困境。对一个处于经济危机中的国家而言，印钞着实仅是一种暂时的解决方案，它很快就会导致恶性通货膨胀，使经济状况更糟。

并不是说印钞总会引发通货膨胀。在某些情况下，如在严重的经济衰退时期，印更多的钱可能就不会带来通货膨胀，因为商业银行不愿意贷款，企业也不愿意投资。在通货紧缩（价格下降）时期，印钞可能只会带来温和的通货膨胀，这不构成问题。

第 2 章

经济增长

经济增长是指一个国家经济的价值与规模的增长。它意味着国民收入与国民产出的增加。

在所有情况等同的条件下，经济增长应该使人们在经济方面的境况得到改善，生活水平得到提升。经济增长有很多好处，对仍处于普遍贫困与低生活水平的发展中经济体而言，尤其如此。在过去的 40 年里，经济增长一直是减少世界绝对贫困的一个关键因素。

在 20 世纪（直至今天），经济增长向来都被奉为经济政策

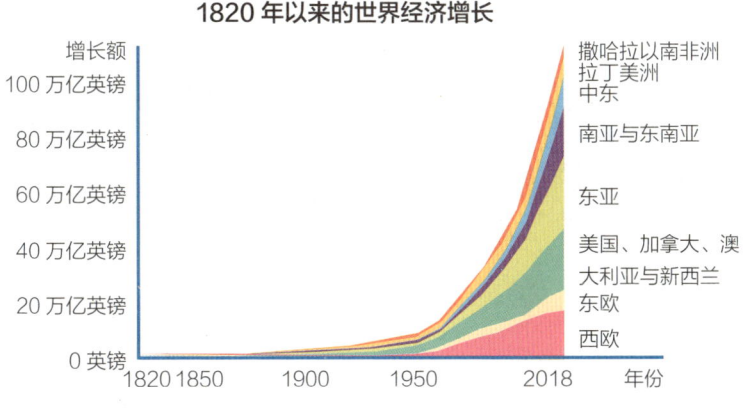

经济增长在减少贫困方面发挥了重要作用。

的圣杯——增加产出，增加收入。但是，对环境问题的担忧却让人们越来越质疑经济增长的重要性，而一些人则争辩：经济增长的好处现在仍超过成本。

增长的好处

在我们考虑经济增长带来的问题之前，值得牢记在心的是，很少有人会乐意回到19世纪时的生活水平。那时，人类的预期寿命比现在短50%，贫困是普遍现象，住房品质差，许多劳动者都营养不良。经济增长使得世界绝大多数的人口摆脱了绝对贫困，住在了基本生活必需品都能得到满足的地方，这可是一个不小的成就。即使是在过去30年里，也有20%的世界人口因经济增长而脱离了绝对贫困。这是人类社会进入现代生活阶段后所取得的成果之一（尽管常常被忽视）。当我们倾向于关注世界上存在的各种问题时，别忘了即便是少许的经济增长也能够改变许多人的生活状况。

经济增长还有其他附加的好处。为了增加产出，企业就会

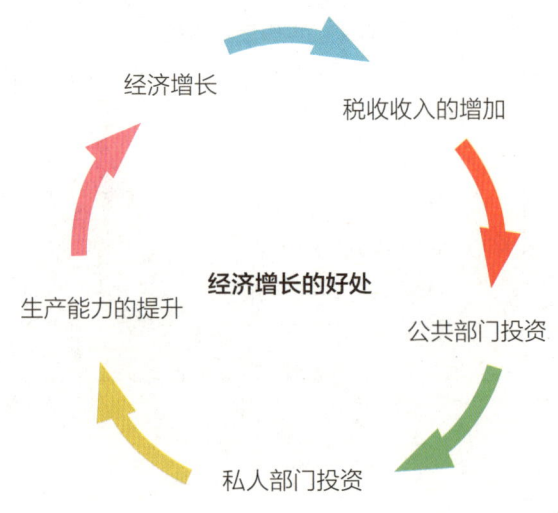

乐意雇用更多的员工，从而有助于减少失业。随着国民产出的提高，政府就能收缴更多的税收（即使税率保持不变）。更高的税收收入就可以被用于资助医疗保健、教育、交通及环境保护政策。第二次世界大战结束后不久的1950年，英国政府的债务与GDP之比高达220%，这听起来非常吓人，但是在英国经济相当持久地增长了50年之后，截至2000年，其债务与GDP之比已降到了40%。这就是各国政府喜爱经济增长的一个原因——它有助于改善一国的财政状况，使减少税收或增加支出等各种选民友好型的政策有可能得以实施。

经济增长的成本

当我们不惜一切代价去追求经济增长却忽略了其他目标时，问题就出现了。首要的问题就是，经济增长会在何等程度上与环境相冲突。例如，经济增长会带来对自然资源的更大消耗，如燃烧更多化石燃料，使空气污染加剧，促使如养牛业发展所需的森林栖息地丧失。这种状况带来的后果就是，世界其他地区的外部成本将上升。污染的外部成本包括健康代价、预期寿命缩短以及将来世界的某些地区可能不再适合居住。因此，如果我们只看国内生产总值（GDP）的原始数据——换句话说，只看生产了多少——我们就忽略了经济增长对实际生活水平的全部负面影响。

关键问题在于，经济增长是如何实现的？如果一个经济体要大幅增加化石燃料的燃烧，延长加班时间，并加强军事力量，那么这种产出的增加都将体现为GDP的增长。不过，这三个例子却都可能导致生活水平的下降——污染的增加及闲暇时间的减少，至于武器，根据其定义，就是被设计出来用于造成破

无情的经济学

经济增长会带来生活水平的提高、失业率的降低及政府税收收入的增加。

巴西境内亚马孙热带雨林的森林砍伐。

坏的。然而同样地，我们也可以用一种非常不同的方式来促使经济增长。假设我们安装高效的太阳能电池板，以生成比过去的燃煤电厂更多的电力：我们可以预见 GDP 会增长，而与此同时，生活水平也会因为更便宜、更清洁的电力而提升。

同样，有效的新技术也会提高劳动生产率。随着自动化及人工智能的日益强大，我们可以用更少的工人生产出同样数量的商品，这就会（在理论上）实现薪水的提高与闲暇时间的增加。

若是以一个较低的经济发展水平为起点，则经济增长很可能会大幅提高生活水平，但随着人们日益富足，经济增长就会越来越趋向于收益递减。对许多人来说，若年收入增加 1000 英镑，那就很了不起了。但如果一个百万富翁年收入从 100 万英镑增加到 100.1 万英镑，那么他几乎都不会察觉到这一点。

经济增长是生活水平的一个指向牌，但是它并不完美。如果我们想要评估生活水平，最好是聚焦于具体的生活水平衡量指标，例如，经济福利量度（Measures of Economic Welfare, MEW）及人类幸福指数（Human Happiness Index, HHI），这些指标通常以经济增长为起点，但也包括了其他可度量的因素，如预期寿命、受教育程度以及自然环境。

经济增长的原因

经济增长有两个主要原因：需求的增加（更多的消费和投资）与生产的增加（更高的产量）。长期来看，决定经济增长的关键因素是生产能力提升的速度，而生产能力的提升则取决于资源（土地、劳动力、资本）的数量及这些资源的生产率。例如，电力的发展曾带来劳动生产率的显著提升，因为使用电动工具比依靠人力要高效得多。当单个工人可以生产更多的商

无情的经济学

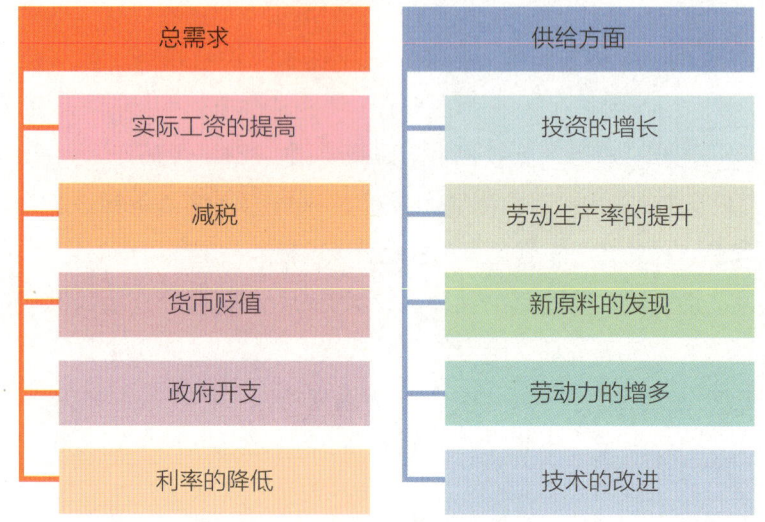

品时,整个经济体的产量就能提高了。

此外,当工人们的生产效率提高时,企业就能销售更多或更好的商品,进而获得更多收入。所以,企业对工人就能担负得起更高的工资。工人的工资上涨,对经济体中商品的需求就会增加。一个典型的例子就是世纪之交流水线的引进。汽车最初是由手工制造的,价格很昂贵,只是富人的专属品,但亨利·福特利用劳动分工与流水装配线大规模地生产汽车,极大地提升了效率。福特汽车的售价只是原来售价的很小一部分,这使人们对汽车的需求激增。同时,福特还大幅提高了工人的工资,于是,汽车工人也能买得起他自己参与生产的汽车了——这在距此十年前可是一件不可思议的事情。总之,这就是经济增长的实质——劳动生产率的提升带来产出的增加与工资的上涨,进而激活了更大的需求。

第3章
经济增长的极限

我们已经习惯了把持续的经济增长当作理想，政客们更是经常把它的重要性放在其他所有目标之上。

人们逐渐意识到了经济增长潜在的局限。早在1798年，托马斯·马尔萨斯就撰写了《人口原理》。在这部著作中，他警告说，增加食物供给只会助长更多人口出生，而这些人口却又无法养活自己。因此，他对提高人均收入的可能性持悲观态度。幸运的是，马尔萨斯的悲观预测已被证实是不准确的。粮食生产的确增加了——但不是通过使用更多的土地，而是受益于更高的生产率和更好的技术。马尔萨斯所预判的增长的极限并未出现。生产率与农业技术的改进既增加了人口，也提升了人均收入。

环境问题

虽然忽略马尔萨斯的理论很容易，但是在21世纪，却出现了对经济增长越来越明确的限制。首先让人担忧的就是，一直以来都被我们视为理所当

托马斯·马尔萨斯。

无情的经济学

然的水和可用耕地等基本资源的可得性。全球变暖、管理不善以及人口增长这三者相结合，导致了撒哈拉以南非洲大片地区及世界其他区域沙漠化加剧，这将对未来的经济增长乃至特定群体的生存能力构成限制。联合国曾警告，清洁饮用水的享用权可能是世界各地人类子孙后代最担心的问题。如果气候变化真的扰乱了惯常的农业活动，我们经济体系的基础就会遭到破坏，全球产出就会减少。

马尔萨斯被证明是错误的，因为更好的技术带来生产率的提升在 19 世纪并非难事一件。然而，技术创新遵循着收益递减规律。少量的肥料能显著增加产量，但如果加量使用，肥料带来的收益就会递减。此外，技术从长期来看还可能带

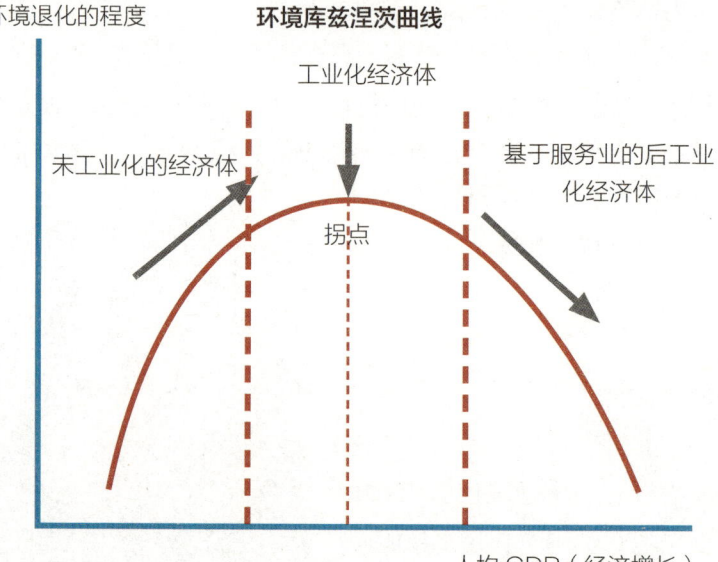

更快速的经济增长最初确实会带来环境方面的成本，但是正确的技术最终也能够减少对环境的破坏。

来预期之外的后果。例如，杀虫剂的使用在短期内能够提高作物的产量，但是，其却可能因为造成昆虫数量的长期减少而遭受指责，而且，如果蜜蜂或传粉昆虫的数量达到临界点，那么粮食生产的存续性都可能受到威胁，因为作物将得不到充分的授粉。

增长与更好的环境

有些经济学家对经济增长与环境问题持更为乐观的态度。环境库兹涅茨曲线承认，初期的经济增长的确会加剧污染，破坏环境，然而，当一个经济体达到了一定的收入水平时，它就能够将更多的资源投入于改善环境，并把长期的可持续性放到优先位置。例如，在工业化早期，各经济体都烧煤，这导致了严重的空气污染。但是第二次世界大战后，同一批经济体却纷纷立法来限制污染的排放，要求人们转向利用污染更少的能源。因此，经济的增长与污染程度的降低是可能并存的。例如，英国二氧化碳的排放量在20世纪60年代中期达到了峰值，但到2022年时，却已经降到了19世纪以来从未有过的低水平。

此外，对经济增长极限还有另一种乐观的观点，认为如果大宗商品确实开始变得稀缺了，那么市场机制就会迫使其价格上涨，进而鼓励人们降低需求并寻求可行的替代品。

经济增长的成本

上述对经济增长与环境可持续性的理想化看法是具有误导性的。的确，随着经济的发展，一些可见的污染物会减少，例如新技术使得在城市中心禁用燃煤供暖变得相对容易，但是，虽然一些可见的污染物在减少，不太可见的毒素及表面污染物却在不断增加——其中一些可能需要等到以后我们才会完全意识到。例如，城市中心的二氧化碳污染水平现在仍然很高，更重要的是，即使某个国家确实减少了二氧化碳的排放量，可关键还是要看全球水平，因为全球二氧化碳排放量的上升会导致全球气候变暖，并对正常经济活动的长期可持续性产生潜在的毁灭性影响。同时，另一个问题在于，市场机制可能会失灵，因为真正会察觉到经济增长成本的只有我们的子孙后代。由于燃煤电站造成的污染，我们会采取行动以减少城市上空的烟雾，但随着全球气候变暖，当整个地球达到了临界点时，才想要扭转过去的走向，以确保正常的经济增长所需的环境可持续性，那时可能为时已晚。

增长的其他限制

除了环境及自然资源的可持续性，还存在经济增长的其他限制吗？近年来，主要发达国家的经济增速已经放缓。在日本等面临着人口老龄化及劳动力短缺的国家，尤其如此。科学与技术进步所带来的收益递减也被列为经济增长放缓的原因之一。在过去，很多技术都会为生产率带来巨大变革——蒸汽动力、电力、流水装配线、微芯片。然而，在技术进步方面实现有同等突破性意义的飞跃如今已经变得很难，尽管已出现了人工智能以及机器人的不断运用，但是生产率的提升速度已然放慢，这与人口变化结合起来，就导致了投资与研发水平的降低。不过，值得记住的是，人们过去常常做出生产率已达巅峰的假定终究被证明是错误的，能够提供廉价且可再生能源的新能源仍然有着很大的发展空间。

第 3 章 经济增长的极限

最后还要提一点，经济增长还可能面临一种极限，那就是经济增长的吸引力将会越来越低，因为那时人们宁愿优先考虑生活质量的最优化，而不再是 GDP 的最大化，而这可能会带来闲暇时间的增加及消费意愿的减弱。

第4章

供给与需求

供给与需求是经济学的基本面貌。无论我们是否意识到,供给与需求都充斥于我们的日常生活。供求力量决定价格,影响我们购买的商品,并确定我们的工资。

需求是指我们愿意以不同的价格所购买的商品的数量。随着价格上涨,需求通常会下降,其原因有二:一是随着价格上涨,我们能买得起的东西就会减少,因为我们的实际收入会下降。天然气价格上涨会促使我们减少使用天然气——我们没有任何针对天然气集中供暖系统的替代物,更高的天然气价格减少了我们的可支配收入,迫使我们减少用量。二是随着价格上涨,我们会寻找替代方案,如雀巢咖啡涨价20%,就会鼓励我们转向另一个品牌。

供给是指企业愿意在市场上以不同的价格所销售的商品的数量。供给曲线是向斜上方倾斜的,因为价格越高,企业的供给就越有利可图。

当我们把供给与需求结合起来考虑时,真正的魔法就出现了!供给与需求的交汇处呈现出一个最佳位置(或均衡点),在市场上创造了一种平衡。我们以外卖咖啡为例来说明这一点,当市场价格为1英镑时,很少有商家会乐意以此价格供给咖啡,

第 4 章　供给与需求

咖啡豆的价格是由供给与需求决定的。

但是需求却会很大，因为如果出去买咖啡的价格和自制的几乎一样便宜，那为什么还要自己在家里煮咖啡呢？但是这一价格会造成短缺——需求会远远超过供给，你会发现，顾客要想从

供给与需求

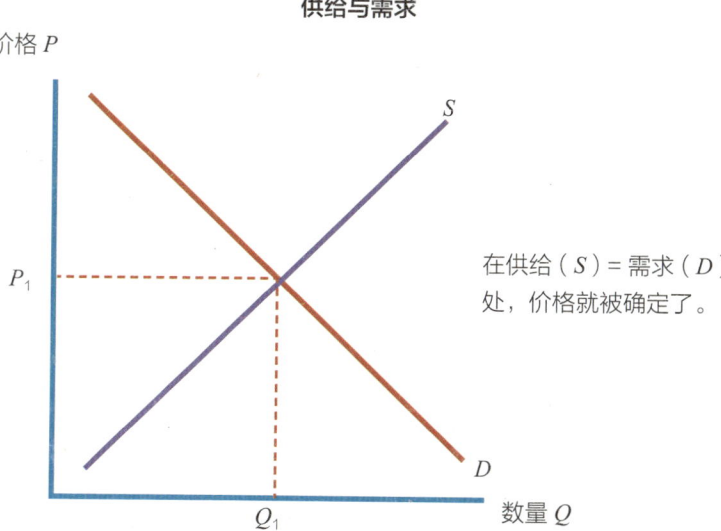

在供给（S）= 需求（D）处，价格就被确定了。

无情的经济学

为数不多的咖啡店里买到咖啡，就得排长队。不过，如果价格涨到了 3.1 英镑，比方说，这就是供给与需求的交汇点，那么短期内价格就不会再有变动倾向了。

值得注意的是，在大多数基于市场机制的经济体中，不存在用以设定价格的权力或计划。价格仅由市场，或如亚当·斯密所说的"市场中看不见的手"来决定。如果喝咖啡变得更流行，我们就可能看到市场需求上升，这就会导致咖啡的价格上升。

之所以叫作"市场中看不见的手"，是因为没有人有意识地设定市场价格；每个人都只是追求着他们自身的利益。企业会顺应它们的利润动机，如果价格高，那就多卖些。而就顾客而言，如果能从购买中获得价值（效用），他们就会购买商品。"现代经济学之父"亚当·斯密是这样阐释的：

> 每个人……既不想要增进公共利益，也不知道他所增进的公共利益为多少……他所追求的只是他个人的经济保障；在促使自己辛勤劳作的产品得以产生最大价值的这一过程中，他所谋求的只是他自身的收益。在此情况及其他很多情况下，都有一只看不见的手指引着他，去促成一个绝非他自身追求的目标。
> ——《国富论》（1776 年）

外卖咖啡的价格相当稳定（仅在通货膨胀水平上升较为平稳的条件下）。然而，如果我们观察咖啡豆的供给与需求，就会发现，天然原料商品的价格变动要大得多。这是因为，其供给与需求会随着天气、病害、作物歉收以及同业联盟（限制供给以最大限度提高农民的卖价）的建立等诸多因素而波动。

第 4 章 供给与需求

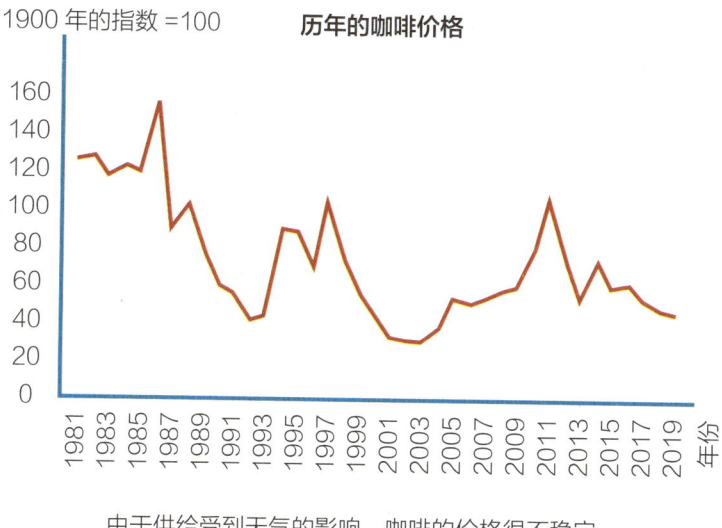

由于供给受到天气的影响,咖啡的价格很不稳定。

这张图显示,从 1986 年到 1992 年,咖啡的价格下降了 72%,这段持续时间较长的价格下跌是由咖啡豆供给上升导致的,因为世界各地有更多的国家扩大了咖啡豆的生产规模,进而使世界市场上在售的咖啡豆数量增加。当供给的增速远超需求时,商品价格就下跌了。然而,在随后的 1992 年到 1994 年,咖啡价格又翻了一倍,其原因在于天气状况变恶劣以及人们有组织地对咖啡供给实行了限制。

供给与需求机制的关键要素在于这样一个理念:企业与个人都具有对自身经济资源如何使用的决策权。在计划经济体中,决定价格并不运用供给与需求机制,数量与价格都由中央权力机构来确定,由该机构来指示工厂需要生产多少产品以及如何对产品进行定价。这种做法的好处是,面包等基本商品会保持廉价。

但其重要问题在于,中央计划机关对于市场需求什么产品

无情的经济学

是非常不了解的,而且一旦市场条件发生了变化,产品数量与价格过于僵化,很容易导致我们在此种经济体里所看到的短缺或过剩。在自由市场中,市场力量即"市场中看不见的手"允许企业与个人自行决定生产什么、如何生产以及为谁生产。随着消费者行为及供给的变化,市场也会持续地发展变化。一旦市场发出相对稀缺的信号,那些供给不足的商品就会涨价,而被过度供给的商品则会降价。

供给与需求机制是非常有用的:若没有这种机制,经济效率就会低很多,并且我们会发现想得到很多商品变得很难。然而,市场力量与"市场中看不见的手"也能引发令人不快的结果。例如,许多年轻人发现租房住的成本太高,而买房则更遥不可及。这就是市场力量造成的不幸结果:有限的供给叠加不断增

1990年,莫斯科一家超市出现了商品短缺。

长的需求推升了价格，使生活成本的压力变得非常沉重。2022年，天然气和电力价格因供给限制而飙升，这种状况使得许多低收入群体的生活质量有所下降——这就是供求机制发挥作用的一个令人遗憾的实例。

第5章

机会成本

机会成本是指已经放弃了的第二好的选择。它就是我们做出一种选择而放弃另一种选择时所错过的东西。无论我们是否意识到，生活中的每个决定都含有某种机会成本。

有时，机会成本可能看起来很简单。如果我们和朋友出去玩，其机会成本就是我们不能在室内工作。如果我们把最后100英镑花费在食物上，那么我们就不能把这笔钱花费在娱乐上。然而，相比我们所面临的实际货币成本，机会成本可能并不那么显眼。

假设我们要买一套新房，正在一套售价19万英镑和一套售价20万英镑的房子之间犹豫不决。我们会权衡哪套房子更加物有所值，也会仔细掂量我们能否买得起价格更贵的那套。另一个要考虑的问题是，如果我们买了价格更贵的那套，那么其机会成本就是，我们将不会再有额外的1万英镑用于房屋装修了。

假设我们花1.5万英镑买了一辆新车，几年后，其价值就降到了3000英镑。继续开这辆车而不卖掉它的机会成本是多少呢？此处初始的成本并不重要。机会成本只是我们卖车能得到的那3000英镑。初始价格并不影响我们卖车时的机会成本。

假设你每天花5英镑喝两杯啤酒。从某种意义上来说，这

第 5 章 机会成本

如果你买一套房子，那么其机会成本就是你不能再买的另一套房子。

份日常的"小确幸"似乎相当便宜。但这么做牵涉的机会成本是什么呢？简单来说，可能是你不能再花 5 英镑去买更好的食物，或者去买一本新书。但是，假设你每天不再花掉 5 英镑，而是把这笔闲置的现金存入一个年利率为 3% 的储蓄账户，这样经过三年的每日储蓄，你就能拥有 5657.19 英镑。当我们日常进行小额购物时，很少会从这种机会成本的角度进行思考。但是，仅仅三年不喝啤酒就可能意味着我们将会拥有一笔近 6000 英镑的钱，足以去买一辆新车了。同样，你也可以把这个道理反过来，认为节制欲望并总是为了将来而存钱的机会成本是你会错过生活中的小乐趣。也许你不再喝啤酒，你与朋友们社交的时间就变少了。你可能在三年的时间中得到了近 6000 英镑，却感觉自己错过了很多。对机会成本的考量取决于个人情况，以及你觉得什么是重要的。对于另一些人来说，三年不喝啤酒可能不仅能为他们省下一笔钱，还会帮助他们减肥及改善健康状况。在这种情况下，每天喝啤酒就不仅有着较高的经济成本，而且也有一些不太显眼的机会成本，如对健康的影响。

无情的经济学

我们应该为清洁工付费吗

假设你每小时挣10英镑，那么，你就没什么理由以20英镑的时薪去雇一个清洁工来打扫房间。花一小时用于打扫房间的机会成本，不过是你把同样时间用于工作所能赚到的那10英镑，这个成本比雇用小时工的价钱还低。但是，如果你是一名时薪200英镑的企业高管，那么花一小时用于清洁房间的机会成本就是失去了你去工作本来能赚得的200英镑。

自己做清洁的机会成本就是，你会失去时间。

因此，一名企业高管会觉察到做体力劳动的机会成本很高，而雇别人来做这件事是很在理的，可对于一名低收入的工人来说，则不是这样。

政府机会成本

说到竞选，政客们（与选民们）从不那么急于就各项决策的全部机会成本做出承诺。如果政府承诺减税，较低税率的效果倒会是立竿见影的，不过，其机会成本却不太明显，将以减少政府支出（如医疗或教育方面的）和（或）增加政府借债的形式体现出来，而选民的愿望清单通常既包括减少税收，也包括增加支出（用于与他们有关的财政规划）。难题就在于，这样的清单并没有考虑减税与增支各自的机会成本。在新冠病毒大流行期间，各国政府在机会成本上都面临着艰难的抉择：在保护健康与对人们自由出行及经济活动的冲击之间,需要进行权衡。

为了随时限制传染病的传播,政府可以强制要求上班族都待在家里,其好处是减少疾病传播、降低住院率及减少死亡人数,然而,其机会成本则是个人自由的丧失及某些经济部门产生经济损失——尤其是受到封控政策冲击的酒店业。同往常一样,机会成本的逻辑是双向的。在疾病仍迅速蔓延的情况下,一旦政府放开经济政策,医院又会因直面传染病例的上升而承担成本,并且对于有些人来说,还有一项机会成本,那就是这些人虽然自身并未感染病毒,却无法获得对侵害他们身体的癌症以及其他疾病的治疗。

第6章

分工

分工是指不同劳动者各自专门从事着不同工作的状态。我们并不试图成为一个在各行各业都很能干的多面手，而只想专注于经济中的某一特定工种。

分工一直是提高生产率与生活水平的关键推动力。早在1000年前，大多数人都是农民，自己种植并制作食物。那时的分工十分有限，但在现代经济中，分工程度却非常可观。例如，一个农民可以种植足够成千上万人吃的作物，从而使其他劳动者得以专门从事包装的设计、商品的运输及最佳厨艺的钻研等工作。

分工的好处在于，工人们可以在一个特定的工作领域内使自己的技艺变得极其熟练，而无须接受过多的培训。像电脑这样的现代商品中充满了复杂的部件，如果你让一个人从零开始制造一台电脑，那么这是不可能的。但是，如果一些人专注于设计与制作芯片，而另一些人则集中精力编程，那么这种任务的分割就使这件事成为可能。随着产品变得越来越复杂，分工也在不断扩大。你可能会问，iPhone手机的产地是哪里？答案是：任何地方。它是在美国加利福尼亚州被设计出来的；其触摸屏技术是由美国、以色列及希腊完成的；而手机本身则是在中国、泰国及马来西亚组装的。从电池到液晶显示屏，再到指

第 6 章 分工

纹识别，iPhone 手机的每个部件都体现着分工：有多家公司专长于同一领域，而在同一家公司内部，工人们又被分配至不同的生产环节。

事实上，一部 iPhone 手机制造工艺的复杂程度，表现为参与最终产品制造全过程的工人数量与所用的专业部件多到难以想象。亚当·斯密在《国民财富的性质与原因的探究》一书中，描述其调查了一家制针厂，发现当工人们被分派到不同的工作领域时，效率就会大大提高。相反，如果一名工

iPhone 手机是一款非常复杂的产品，其生产需要成千上万名不同工种的工人来完成。

亚当·斯密时代的制针厂（来自丹尼斯·狄德罗 1751—1766 年的《百科全书》）。

人必须由自己完成制作一枚钢针，他就必须要四处走动，才能完成许多不同的工作环节。而当有了某种装配线，钢针被传送到工人们面前时，他们每个人就可以只做其中一项很简单的工作，如拉伸金属、切割金属以及为针头定型。制针厂是很早期的一个体现大规模生产的例子。当亨利·福特推行装配线来制造 T 型汽车时，他所乐于推广的也正是此事。福特并不是引入装配线的第一人，但他却能通过分工使工人们都只负责非常有限的特定工序，进而使装配线产生出巨大的效益。

分工的弊端

当你是一个自给自足的农民时，你的劳作效率可能并不高，但你却能从种植、生产自己所需的食物这件事中获得强烈的自我价值感。你会感受到自己与工作之间紧密关联，因为你能看到自己所生产的东西，也能感知自己制造出来的产品对自己的帮助。时光快进到 100 年后，同样是劳动者，却是在一条现代化的装配线上务工，薪水也可能是 100 年前农民的 100 倍，但

1913 年的福特装配线。

是他们的工作却非常无聊、乏味。如果你每天全部的工作内容只是重击一条金属以便做成一枚钢针,你的成就感就会荡然无存。福特发现,即使支付很高的工资也不足以扭转很高的人员流动率。对某些人来说,分工确实成就了非常有吸引力且令人愉悦的工作——这是对设计师、作家及从事创造性工作的人来讲的,但是对另一些人来说,分工却可能只意味着要从事极为枯燥且毫无成就感的体力劳动。

规模经济

分工产生的一个副产品是,它创造了规模经济。这意味着,随着产出的增加,平均成本会下降。如果你只需要生产一辆汽车,那就没有必要启用一条大型装配线,也没有必要进行分工。只有当你要大量生产汽车时,创办一家拥有 1000 名工人及配套装配线的高度专业化的工厂才是值得的。经济体内部更多的分工促发了大规模生产及大规模消费的趋势。生产出来的产品越多,劳动力专业化的程度就越高,而劳动力专业化的程度越高,生产的效率就越高。

未来的分工

随着技术的不断进步,劳动力越来越多地专门从事编程及信息技术开发等高技能工作。一些劳动者仍然从事着具有高度重复性的工作,如在仓库里打包(箱子),但是当机器人和无人机已能完成当下由人来完成的工作时,即使是这种活儿也正在实现自动化。这将使劳动者不得不转移到那些不能被机器人完全替代的工作岗位上,如理疗或护理。

第 7 章

边际革命

> 每个经济体的成功或失败，都需要通过供给那些被需求的商品、服务及资源这一过程来验证。因此，供给与需求就是一个经济体中的主要作用力。

边际是经济学中的一个重要概念，它指的是消费、生产或销售的最后一个单位，也可以指人们所获得的额外效用或额外收入。例如，额外生产一单位商品的边际成本，就是生产这额外一单位商品所带来的总成本的增量。如果一家餐厅烹制 10 顿饭的总成本是 150 英镑，那么平均成本就是 15 英镑。但是，假设第 11 顿饭的烹制使总成本增加到了 157 英镑，那么这第 11 顿饭的边际成本就只是 7 英镑——这与烹制一顿饭的平均成本是两回事。

边际成本的重要性

要想建设一个海上风力发电场，单是建造风力涡轮机的固定成本就将花费数百万英镑。一家企业甚至可能还没开始发电，就不得不投资 10 亿英镑。但是涡轮机一旦建成，发电的边际成本相对来说就很低，无须再有任何昂贵的投入，它们会持续地发电。这中间也许会产生一些维修方面的费用，但主要的"原料"——风，却是免费的。我们再看看燃煤发电站

第 7 章 边际革命

生产风能的边际成本非常低。

的情况，以便做个对比：燃煤发电站在建设阶段的固定成本也很高，而企业后续仍须持续购进煤炭，因此燃煤发电的边际成本很可能会比可再生能源的发电方式更高。对于制定能源政策来说，关注边际成本的差异很重要，因为一旦完成可再生能源基础设施方面的投资，发电的边际成本就比较低了。

利用边际成本来定价

当企业着手进行定价时，考虑边际成本非常重要，而并非只需考虑平均成本。例如，假设欧洲之星铁路公司的一次列车行程还有未售出的座位票，那么这家公司应该以什么价钱出售余票呢？在这种情况下，重要的考虑因素就不是此次列车行程的总成本，而是新增一个乘客所带来的边际成本。如果一列火车从伦敦开往巴黎，那么无论它是空载还是满员，成本多半是相同的。如果火车的上座率达到50%，那么再多卖些车票的边际成本会很低——虽然新增乘客的体重可能会消耗更多的燃料，乘客们上车会需要更长的时间，但这些新增乘客带来的边

无情的经济学

对行驶中的火车来说,新增乘客带来的边际成本是相当低的。

际成本是很低的。因此,即使欧洲之星铁路公司在最后一刻以低价卖出了车票,其总利润也会增加。

然而,如果我们选择一个情况非常不同的行业,比如说,自来水行业,它的边际成本又会有什么不同呢?在这种情况下,生产更多的自来水可能会产生更高的边际成本。假设一个城镇只需要少量的水,那么它可以免费收集雨水——边际成本很低;如果需要更多的水,那么它可以利用当地的一条河流。但是,如果需求持续上升,该城镇可能就需要在高降雨量地区建造价格昂贵的水库,然后通过管道供水。因此,此时消费更多自来水的边际成本很低便是误解——随着社会生产的增加,它可能需要更昂贵的基础设施。这就是水务公司想要引入水表的原因,这样我们就得为额外的用水支付费用,从而不会无节制地用水。

边际效用

19世纪中后期,威廉·斯坦利·杰文斯、里昂·瓦尔拉斯、卡尔·门格尔等经济学家都提出了解释消费者行为的理论。他们观察到,在决定消费什么时,人们都会试图估量自己会从这额外一单位商品的消费中获得多大的满足感。他们将此称为每新增一单位商品消费的边际效用。

过犹不及

例如,如果我们真的很喜欢吃巧克力棒,那么我们为什么不吃个不停呢?答案是,边际效用(吃巧克力棒带来的边际满足感)在发生变化。在一周内,我们吃的第一个巧克力棒会带给我们很大的满足感,我们觉得这是在犒劳自己,我们好喜欢这个味道。然而,如果我们在吃完第一个巧克力棒后,立即再吃一个,那么边际效用——我们所获得的满足感——就会大幅降低。吃完第二个巧克力棒后,我们已经感觉很饱了,甚至可能心里还有点内疚。因此,在决定买什么以及买多少时,我们一直在考虑的事情是一件商品所能带来的边际收益。"即使是好东西,你若得到太多也不好"这句老话强调的实际上就是这样的事实:即使是我们钟爱的商品,其边际效用也会迅速下降。我们确实很喜欢吃巧克力棒,但我们却不想没完没了地吃,因为如果总吃巧克

威廉·斯坦利·杰文斯,边际效用理论的创立者之一。

钻石和水有着迥异的用途及生产成本。

力棒的话,我们就会感到难受,并且满足感很快就会降为负值。

价值悖论

亚当·斯密对钻石与水的价值的关注很好地说明了经济学中边际分析的重要性。斯密被公认为"现代经济学之父",但是他却很难理解对日常生活来说并不重要的钻石价格为何如此昂贵。相比之下,水是生活必需品,但其价格通常要便宜得多。这就是著名的价值悖论,它有一个相当简单的解释,然而斯密未能区分钻石的总价值及其边际价值。我们在一生中,可能只会买一两颗钻石。购买一枚钻石婚戒的边际价值非常高。然而,一旦我们拥有了一枚钻戒,钻石的边际价值就会迅速下降。相比之下,我们在购买一单位水后,次日水的边际价值却保持不变。因此,我们每天都在购入的水对日常生活来说是必不可少的,所以相比我们可能只是不定期购买的钻石而言,我们一生中所购买的水的总价值要高得多。由于钻石的稀缺性,企业可以把钻石的售价控制在高位。在那些特殊场合,我们为钻石支付高价的意愿也能被企业利用。

第8章

收益递减

收益递减指的是消费的增加会导致边际效用的下降。

正如前面所提到的，我们在吃第一个巧克力棒时会得到极大的满足感，但是在吃第二个巧克力棒时愉悦感就会大为减少。在此情形下，吃完第一个巧克力棒后收益递减规律就开始发挥作用了，这就是我们的个人需求曲线向下方倾斜的原因。我们所购买的许多商品都很可能存在同样的情况。为了第一单位的商品，我们乐意支付高价，因为我们会从中获得强大的效用。但是如果第二单位的商品带给我们的效用极小，我们对它的估价就会低得多，因此不想支付市场价格了。

生产中的收益递减

收益递减并不只是发生在消费领域。当企业试图生产更多的商品时，在短期内也将面临收益的递减。假设一个农民拥有一片固定面积的土地，多用些肥料会增加这个农民土地的产量，第一批肥料可能会使产量增加20%，因为新增养料的作用非常显著，但是，稍后不久再次投入使用同样数量的肥料所能带来的产量增幅就会大大降低，比方说，只有5%，这是因为农作物需要或者能够吸收的养料是有限度的。换句话说，使用化肥的收益很快就会递减。化肥可以增加产量，但这并不意味着使用更多的化肥总是可取的。要想增产，农民需要考虑其他的方法。

递减的收益

生产中收益递减的一个关键特征是，某一种生产要素的数量一定是固定的。如果一家茶饮店想要增加茶饮的销量，它可以雇用更多的服务员。服务员多了，就可以服务于更多的顾客。然而，总会有一个时点出现，使得再额外多雇用服务员的收益开始递减。这家茶饮店内部的空间是有限的，因而太多的服务员在一起就会开始妨碍彼此间的走动。第五名或第六名服务员的确会使这家店得以卖出更多的茶饮，但是相比前两三名服务员，他们的制售量肯定要少得多。

从长远来看，这家店可以打造一个更大的店面，增加餐桌数量与服务区域，以此方式来避免收益递减。随着店面空间变

茶饮店里的服务员：值得额外雇用的服务员的数量是有限的。

大，第六名服务员就不会再遭遇收益递减了，因为店里的基础设施已经不一样了。一家更大的店仍然可能会遭遇收益递减，但要等到雇用第十名或第十一名服务员时才可能会出现这种情况。

收益递减的启示

如果额外雇用的员工带来了收益递减，并且仅多制售了区区几杯茶饮而已，那么，增加产量的边际成本就会提高。如果第五名服务员的时薪是 10 英镑，而他增加的订单却只有两杯茶饮，那么这两杯茶饮中每一杯的边际成本就都是 5 英镑。如果第一名服务员的时薪也是 10 英镑，却售出了 20 杯茶饮，那么这 20 杯茶饮中每一杯的边际成本就只有 0.5 英镑。因此，这家店所面临的成本结构发生了很大的变化。在开店初期，售卖茶饮的成本很低。但从雇用第五名服务员起，效率就很低了，每多卖一杯的成本高达 5 英镑，这使得制售更多的茶饮很不划算。

在生活中的很多领域，都可能会出现收益递减的情况，而我们却可能并没有意识到这一点。如果我们为一次考试而复习功课，头两个小时会是效率最高的，但如果我们熬夜复习，试图死记硬背更多的资料，那么额外熬夜复习的回报就会变低，我们努力的收益就会递减。

货币的收益递减

收益递减的另一个重要应用领域就是收入和财富。如果你没钱，赚得 1000 英镑对改善你的生活水平来说就是至关重要的，其效用也是很高的。然而，如果你的年薪已达 5 万英镑，那么多赚 1000 英镑所增加的效用就会小很多。这 1000 英镑你仍然是欣然接受的,你可以把它花费在外卖食物上,这表明效用还是有增加的,只不过相比最初赚得的那 1000 英镑带给你的幸福感,此时的效用增量要小得多了。而对一个百万富翁来说,额外的 1000 英镑对效用的影响则是微不足道的。一个人的收入水平若达到了 100 万英镑,那么再多赚 1000 英镑对生活水平的影响甚至可能都不会被察觉到,也可能很难想出用这笔额外的钱买点什么。效用一定会有所增加——哪怕看到银行里的钱多了些只能带来一份小小的快乐,那也终究是快乐——但是我们可以看到,随着我们收入的增长,收益递减多么强烈。

这就是建立累进税制的一个有力理由。从一个百万富翁那里拿走额外的 1000 英镑只会让他的效用下降甚微,但是让渡给穷人一小笔钱就可以显著提升其效用。因此,在社会内部重新分配收入能够增加总效用与总体满意度——即使收入的总量保持不变。

收益递减

收益递减意味着,边际成本(MC)递增,而边际效用(MU)递减。

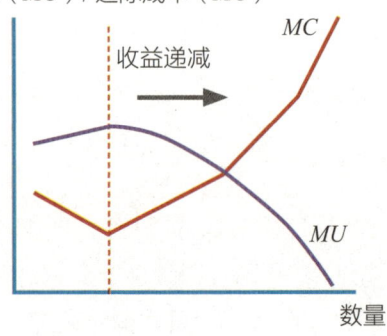

第 8 章 收益递减

　　这一论点立刻就遭到了批评：一些人认为，过度的累进税会减少激励，使富人成为最不想工作和创造收入的群体。尽管这在某种程度上是正确的，但是，财富与收入的收益递减确实会给社会带来高度的不平等，在这样的社会中，财富并没有被有效地运用，从而不能使社会整体的幸福感最大化。

第9章

自由市场

自由市场是指一种以商品和服务的自愿交换为特征，少有或没有政府干预的经济体制。

在一个自由市场中，企业和消费者都可以自由决定生产什么、定多少价以及购买多少。因此，自由市场是自我调节的，没有监管、税收或者价格管控等任何外部的政府强迫行为。自由市场的吸引力在于，即使人们的行为是出于自身利益的，也将促进公共福利。正如亚当·斯密所指出的：

我们所期待的晚餐，并不是来自屠夫、酿酒商或面包师的仁慈，而是来自他们对自身利益的关切。

——《国富论》（1776年）

通过追求利润，企业为消费者提供需要与想要的商品。如果哪家企业的效率低下了，那么它就会败给能够提供更好产品的其他企业。因此，这种"适者生存"的规则确保了所有企业都具有以最低成本持续创新、投资及运营的动机。从长期来看，这就形成了一种动态并且高效的经济体制，这一体制促进着经济的增长与发展。有一些经济体已经试验了与自由市场相反的体制，如由政府来决定生产什么的中央计划体制，但这些非主流的体制在长期运行中往往面临着局限性，以及不可避免的低效率与浪费的问题，因此在实践中，大多数经济体都实施一定程度上的自由市场体制。

古典自由市场

对亚当·斯密等早期的古典经济学家来说，自由市场意味着厂商之间是彼此竞争的，不存在垄断权。斯密认为，一家拥有垄断权的企业可以收取更高的价格，会剥削顾客和（或）员工。如果没有竞争，商品与服务的交换就不会是真正自由的，因此市场可能就需要政府的干预，以避免对顾客和员工的剥削。

亚当·斯密。

自由放任政策

自由市场的自由主义论点与有限的政府干预或没有政府干预密切相关。基于这种自由市场的观点，即便是已经有企业形成了垄断权，政府也不该干预。这就是自由放任经济学的理念（其字面含义就是不受干预）。

自由市场与资本主义紧密关联。通常这两个词语可以互换使用——尽管它们的关注点有所不同。资本主义是一种强调土地、资本及企业的私有权的经济制度。因此，为了保护私有财产及企业的个人所有权，自由市场资本主义就需要政府的干预，但政府对单个市场所采取的则是一种"不干涉"的管理方式。自由市场资本主义与经济效率以及更高的经济增速有关，但若完全没有政府的监管与税收，结果就可能造成高度的不平等，

无情的经济学

因为资本的所有者可能会拥有垄断权,并从事寻租行为。

社会主义自由市场观

一些经济学家认为,典型的资本主义并不会形成严格意义上的自由市场,因为垄断企业的所有者会利用他们在市场上的优势地位,把竞争对手们排除在外,以保护自身的垄断利润。实际上,还有一种社会主义的自由市场观点,这种观点认为,市场的确应当由供给与需求双方面的市场力量来决定,不过,生产资料的所有权不应该掌握在少数资本家手中,而应该由全体人民共享。这就要求企业要么是合作社,要么是私人所有的企业,这些企业的利润要为用于公共产品的支出缴税。在这种模式下,市场的运作是自由的,但源自市场活动的收益却能得

自由市场允许通过企业与消费者的互动来确定价格,理论上,这种体制应该有助于形成一种竞争性的商业环境。

到更公正的分配。换句话说，这种尝试既有自由市场体制的优点，又消除了私有财产、不平等与垄断权所造成的扭曲。

然而，这种自由市场观却受到了其他自由主义经济学家们的批评。这些经济学家认为，一旦政府拥有资源，原本的市场激励机制就会被扭曲，政府就会不可避免地开始干预收入与商品的分配。

在实践中，大多数经济体实行的都是自由市场与政府干预相混合的体制。在这样的体制中，商品的分配由市场力量决定这一点仍然能够实现，但在规范外部性与极端的不平等，以及提供公共物品（如自由市场中供给不足的保健与教育）方面，政府也经常进行干预。

第 10 章

垄断

垄断是指市场仅由一家企业控制的情况。例如,自来水、运输线路以及脸书(企业)。

纯粹的垄断是指一家企业拥有 100% 的市场份额,但是现实中,任何拥有超过 25% 市场份额的企业就可以被认定为具有垄断权。一家拥有垄断权的企业可以设定更高的价格,限制供给,并利用自身的市场权力向供应商支付低价,同时遏制竞争对手。出于容易理解的原因,人们对垄断持猜忌态度,政府也经常对垄断进行监管,但是尽管有着诸多弊端,对某些行业来说,垄断仍然是必要的。

许多企业都渴望得到垄断权,因为这是获得更高利润的一条捷径。然而,要想获得垄断权,行业的进入壁垒就要很高。最常见的进入壁垒来自规模经济,即一家规模很大的企业能受益于较低的平均成本,从而使得新企业很难再进入这个行业。例如,航空航天制造业的固定成本非常可观。建造一架飞机需要数十亿美元的投资,这就是在该市场中仅有两大巨头居于主导地位的原因——波音和空中客车公司。新的企业想要进入该行业很难,因为规模小,企业的平均成本会高得多。

亚马逊是现代经济中较为成功的垄断企业,其销量高的优势甚至使其提供的独特且成功的次日送达服务也非常显高效。

第 10 章 垄断

平均成本

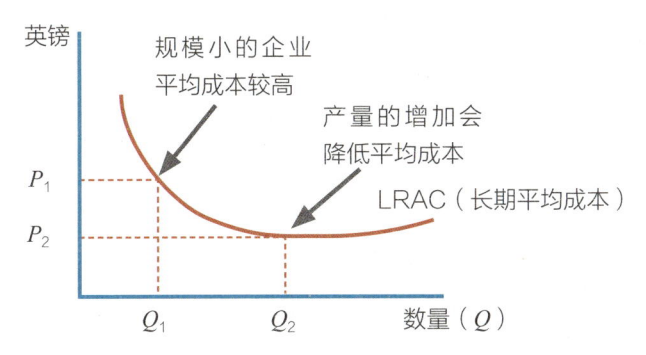

英镑

规模小的企业平均成本较高

产量的增加会降低平均成本

LRAC（长期平均成本）

P_1
P_2
Q_1 Q_2 数量（Q）

此图描述了伴随着长期平均成本（LRAC）下降的规模经济。

虽然有许多不同的品牌，但它们却只归几家大公司所有。

这正是垄断权与高市场份额使得其他企业难以匹敌的一个实例。在力图复制亚马逊基础架构的规模与质量时，任何新的竞争对手都会感到力不从心，因此，亚马逊才能够维持其垄断权。

其他的进入壁垒可能包括：法定的进入壁垒——如政府对信件投递业的垄断；地理壁垒——如获得重要商品的通道；纵向一体化壁垒——如接近关键供应链的机会。很多进入壁垒都是一家公司难以操纵的，但是企业可以通过做广告来提升顾客的品牌忠诚度，以形成自身的垄断权。例如，联合利华与宝洁就都曾在广告上投资数十亿美元，来为不同类型的洗衣粉打造超高的品牌忠诚度。它们也会以广告为手段来创造出一种竞争的幻象。例如，那些广受欢迎的洗衣粉品牌——碧浪、波德、奇尔、达诗、卓夫特、汰渍、时代——这些品牌其实都是由同一家公司宝洁生产的。这一系列产品的广告投放及其所享有的品牌忠诚度都使得宝洁的竞争者更难进入市场了。

垄断带来的问题

垄断带来的主要问题，就是企业可以利用其市场权力来设定更高的价格。如果你的自来水账单费用上涨了，那么你别无选择，只能为水价的上涨买单，否则就会失去用水权。如果你每天坐火车上下班，运营该线路的企业所享有的就是一个垄断市场。因此，通过压榨消费者，垄断企业可以实现利润的最大化。对天然气、电力及汽油等基本品来说，这尤其是一个重大问题。更进一步地说，若一家企业拥有了垄断权，它就可能还享受着购买垄断权

邮政服务通常都是由一家垄断企业经营的。

第 10 章 垄断

（所谓买主独家垄断），比方说，超市。这意味着，它可以压榨各家供货商，仅让它们获得很低的毛利率。例如，农民们经常抱怨，大型超市有权在购进牛奶和黄油等食品时，强行规定其价格。这种垄断意味着超市两头获利，即以低价从供应商那里进货，再以高价出售给消费者。这就凸显了垄断引发的一个主要的社会问题——它代表着收入从消费者与供应商那里再分配至垄断公司的股东，从而助长了社会内部的不平等。

垄断的低效率

垄断带来的另一个潜在问题是，一家可以轻易获得高利润的企业可能就失去了削减成本、开发新产品以及提供良好服务的动力。例如，一座城镇如果只有一家餐厅和一个加油站，那么无论它们提供什么样的服务，两者所享有的都是一个垄断市场，都会保持盈利。但是，如果它们开始面临来自其他企业的竞争，那么为了避免顾客的流失，它们提供更好服务与更高品质产品的动力就会大得多。这就是放松管制政策背后的逻辑。

相同的铁路轨道上很少会容许竞争。

过去，电力、天然气及邮政服务的供给都仅出自一家公司——一家法定的垄断企业——但是为了鼓励提升效率及为消费者降低价格，美国、英国与欧洲其他国家的政府都曾想要在这些市场中引入竞争。

垄断的好处

垄断企业名声不好是可以理解的，但是在某些情形下，它们却可能成为一种"必要的邪恶"。就以饮用水行业为例，如果向国内的每个家庭供给自来水是其职责所在，那么只有一家企业及一套基础设施就是有道理的。另有一家企业去建造另一套具有竞争性的输水管道会既浪费又低效。与电力生产和铁路一样，自来水行业也是经济学家们所论述的"自然垄断"行业——在这样的行业中，使其效率最高的企业数量就是一。企业的数量一旦大于一，就会使成本显著增加。即便是这家垄断企业收取高价，那也比投资多个系统要强。

垄断的另一个好处是，高利润可以用于研究及开发投资。能源公司就是一个例子，它们的利润很高，但是理论上，它们会将部分利润投资于新的可再生能源系统，比方说，风力发电场。诚然，高额利润有可能只是作为分红而支付给了股东，但是如果没有垄断利润，对新的发电方式的投资肯定会更少，而这些新的发电方式对我们人类的未来来说是很重要的。

此外，垄断企业也并不像有些人所声称的那样全都是效率很低的。一家企业可能正是因为其具有创新性、活力与高效的优点才获得了垄断权。谷歌或亚马逊这样的现代垄断企业就创造出了其他企业难以匹敌的产品与服务。如果管理架构得当，垄断企业是有可能保持其效率与活力的。

第11章

博弈论

在多个可能的决策结果中,究竟哪个结果会出现取决于其他人与其他企业的反应。博弈论涉及的就是在这样的情况下对各项决策进行剖析。博弈论是一门策略艺术,在经济学领域有着广泛的应用。

价格战

假设一家企业正在进行价格决策。为了增加市场份额进而获取更多利润,某一大型汽油零售商可能会考虑降价。然而,这项有关是否降价的决策取决于其竞争对手的反应。如果竞争对手对其降价的反应是保持自己的定价不变,那么发起降价的这家企业的利润就可能会显著增长,降价决策就是可取的。然而,并不能保证其他企业的反应就是什么也不做。那些竞争对手可能会判定,将市场份额与利润输给降价企业是有损自身利益的,因此,它们的反应可能是也进行降价。在这种情况下,第一家企业的降价决策的结果就变了,它的价格虽然低了,但市场份额却没有增加,且利润减少了。因此,在做出选择时,了解竞争对手将如何应对是非常重要的。

在寡头垄断(由少数几家企业主导的市场结构)中,企业之间互相串通并达成涨价与限制产量的协议是很有诱惑力的。既然竞争对手已就价格上涨达成了一致,这种共谋就剔除了定

相比保持价格稳定（a），打价格战（d）会使利润大幅降低

		B 企业	
		保持价格稳定	打价格战
A 企业	保持价格稳定	40 美元，40 美元（a）	0 美元，60 美元（b）
	打价格战	60 美元，0 美元（c）	3 美元，3 美元（d）

企业必须决定是努力保持价格稳定，还是发动价格战。

价带来的不确定性，因为每家企业都得到了一份即使涨价也不会失去竞争力的保障。这就是像欧佩克这样的卡特尔背后的逻辑，它们都希望为这个行业设定使利润最大化的价格。欧佩克是一个全球性的卡特尔，而对于国内市场，各国政府则通常会立法禁止卡特尔及共谋行为，因为这是违背公共利益的。如果企业被判定犯有共谋罪，它们会被处以巨额罚款，这就削弱了共谋的动机。

纳什均衡

纳什均衡是博弈论的一种特定结果。在纳什均衡状态下，没有一个行为主体能通过改变其决策而得到一个更好的结果。当处在纳什均衡状态时，一家企业就没有什么可懊悔的了。纳什均衡可能涉及的是两家都保持价格稳定的企业，一旦其中一家企业提高价格，它的市场份额及利润就会降低；而如果一家企业降低价格，又可能会引发一场价格战，它的利润也会因此

第 11 章 博弈论

而降低。所以，对这两家企业来说，最佳的选择都是保持价格稳定。给定上述可行选项，这就是它们最好的结果。然而，在所有可能的结果中，纳什均衡却并不一定是最好的。如果两家企业能就提高价格达成一致，那么这会比保持价格稳定（对两家企业自身而言）更好。但是，如果你对你的对手没有影响力，那么最好的选择还是保持价格稳定。

博弈论与非理性行为

博弈论一般假定企业都是理性的，行为主体都会做出使其效用（如利润与满足感）最大化的决策。然而，在现实世界中，还可能会有其他几个因素需要考虑。例如，一家公司的老板可能就是喜欢做一些比较夸张的事来博人眼球，他们可能只是因为想要发起价格战，就真的发起了一场价格战，即便这会导致自身利润的减少。此外，企业接受利润的减少也可能并非是不理性的，实则是想要使其他一些目标实现最

根据博弈论，没有理由发动一场战争——然而战争却仍在继续。

大化（以便最终实现利润的最大化）。一家企业的目标可能是使市场份额最大化——即使这会带来初期的亏损。这就是亚马逊多年来一直在做的事情——为了获得不断增加的市场份额而不惜主动造成经营亏损。

博弈论的另一个局限是，它往往忽略了更利他的合作动机或伤害他人的恶意动机，即使这会伤害到自己。比如，战争的代价是巨大的，尤其是现代战争，因此根据博弈论，发动战争是毫无逻辑可言的。

贸易战

从经济的角度来说，发动贸易战也是不顾博弈论而做出的一个荒谬选择。对任何两个国家来说，没有壁垒的自由贸易都会为彼此带来最好的结果。然而，有个国家却希望发动一场贸易战，即便这场贸易战会使其总体经济福利受损。

重复博弈

在着眼于博弈论时，是为一次性的博弈制定策略，还是为会持续多次的博弈制定策略，情况也会有所不同。例如，如果一家新企业要进入一个市场，它可能就会决定采取低价策略，因为它希望赢得市场份额。在短期，市场中现有的企业也会以降价来回应。因此，就一个较短时期而言，消费者会从降价中得到实惠。然而，随着时间推移，市场上的各家企业就会发现，只有持续涨价，它们的利润才会上升，而打价格战的结果却会适得其反。因此，企业彼此之间竞争得越久，往往越会找到避免打破坏性的价格战的方法。一些企业可能会做出"比价"承诺——你一旦发现这种商品在别处售价更便宜，它们就会把差价金额退还给你。对消费者来说，这听起来当然不错，但是对企业来说，这实际上是阻止价格战的一个妙招。这些企业对其竞争对手喊出的话就是：你要是胆敢降价，我们就会以同等的幅度降价，所以，降价是毫无意义的！

第12章

定价策略

企业是如何定价的?为什么航空公司航班的价格每天都在变?与竞争对手比价这种承诺,真的像听起来那么好吗?

首先,一家企业在定价时会有多种不同的动机:要么希望实现利润最大化,要么希望实现市场份额最大化。例如,曾有那么几年,提高市场渗透率的愿望主导着亚马逊的定价策略,它尽可能地压低价格以获得市场份额,赢得忠实的回头客。在这几年里,亚马逊一直没有实现盈利,却一直在不断扩张,并逐渐开始在线上销售中占据主导地位。一旦其主导地位得以稳固确立,它就能够改变定价策略并提高利润率了。

市场结构

另一个决定定价策略的关键因素是企业所面对的市场结构。如果市场竞争非常激烈,消费者有着无数的选择,那么为了不失去市场份额,企业将别无选择,只能设定相当低的价格。然而,另一个极端是拥有垄断权的企业会发现提高价格和利用非弹性需求要容易得多。如果一家像苹果或本地铁路公司这样有着垄断权的企业提高价格,很多消费者照样会买单。

第 12 章　定价策略

墨盒的利润率通常要比打印机更高。

不同类型的定价策略

除了基本的定价策略，企业还有很多吸引顾客和增加利润的方法。有时，为了吸引顾客进店，企业会以很低的价格来供给产品。例如，一家超市若以 7 便士的价格出售一罐焗豆，这将会成为头条新闻（1994 年就有过这么一回），企业会收获极大的关注度，还会把潜在的新顾客吸引过来，这些顾客本来是奔着便宜的焗豆来的，但最后也买了好多其他东西。这就是所谓的"亏本促销商品"策略——亏本销售一些商品，以期在其他商品上获利。打印机与油墨是与此相似的一个例子，你只需花费 50 英镑就能买到一台不错的打印机，这貌似很便宜，但是为了使用这台便宜的打印机而买的墨盒，却能轻松让你花掉 25 英镑，打印机公司的利润从哪儿来就不用猜了。

另一个极端是，一些企业会采用高价策略来巩固优质产品的理念。例如，一家餐厅若出售价格很贵的高级葡萄酒，

为了强调高品质，葡萄酒的价格可能被标得很高。

057

就可以为自己打造高端餐厅的形象，这样，顾客在购买价格更便宜的店家招牌酒时，就会感觉这笔交易还不错。

价格歧视

企业在定价时面临的一个巨大挑战是每个顾客都是不相同的。有些顾客腰缠万贯，对于价格上涨总是持泰然自若的态度；而另一些顾客则对价格十分敏感，价格的小幅上涨都可能让他们去货比三家，以便买到价格更划算的商品。这就是有些企业试图细分市场，为不同的群体设定不同价格的原因。对学生或救济金领取者提供10%的折扣，是对这种策略最基本的运用，其逻辑很简单：这群人收入相对较低，因而他们对降价会很敏感。如果企业对所有顾客都降价10%，其收入就会受损，但若只针对目标群体进行降价，就既能增加针对学生与救济金领取者售卖产品的销量，又能针对其他顾客维持较高的售价。

并不是所有企业都有能力采取价格歧视策略的，因为这种策略需要拥有一定程度的市场权力及细分市场的能力。企业的理想做法是，根据消费者的收入进行差别定价，但这种操作是不切实际的，这就是采用年龄等一般分组的原因。另一种价格歧视的做法则与商品数量有关，例如，在购买天然气或电力时，前100个左右单位的价格都很贵，但对于更大的购买量来说，价格往往就便宜些。这是因为最初那100个单位是必不可少的（我们的需求是无弹性的），而对于更多的数量来说，我们则可以找到替代品或者不再用电（我们的需求变得有弹性了）。天然气与电力公司就是采用这样的定价策略来使其收入最大化的。

动态定价也是一种价格歧视，这是近年来被航空或铁路公司越来越多地采用的一种策略，是比较复杂却能回应市场需求

第 12 章 定价策略

价格歧视

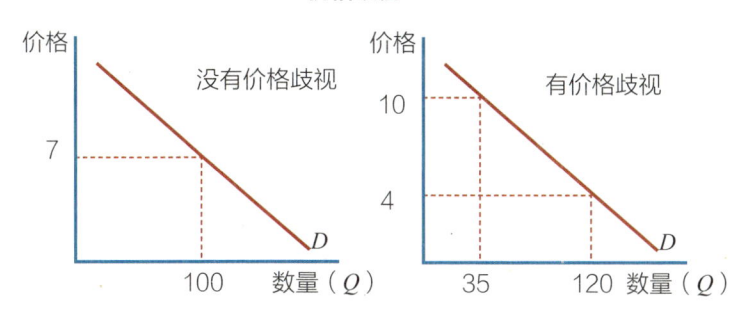

没有价格歧视

价格
7
100 数量（Q）
D

有价格歧视

价格
10
4
35 120 数量（Q）
D

价格歧视意味着以不同的价格出售相同的商品。

时时变动状况的一种定价方法。航空公司寻求以尽可能最高的价格售出每个航班的所有机票，以使其收入最大化。如果某个航班不受欢迎，那么其票价就会下跌，会刺激更多的需求；而如果某个航班非常紧俏，机票很快就会售罄，那么其票价就会被推高，这样，只有那些愿意支付很高票价的乘客才能买到该航班的最后一批机票。预订机票时，你很可能会注意到，在那些最不便于飞行的时段——早上 6 点和晚上 11 点——票价是最便宜的，这就是现实中用到的动态定价的简单示例。高峰时段的飞行旅行当然是更有吸引力的，因此随着该时段机票的迅速出售，其价格也会上升。

价格歧视的另一种较为温和的形式被称为撇脂[1]定价。当一家很受欢迎的企业推出一款新产品时，可能会采用这种定价

---

[1] 喝一杯热牛奶时，人们往往会先把最上层带油脂的奶皮撇下来吃掉，大快味蕾。这就是"撇脂"的本意。在营销学中，"撇脂"用来比喻企业在推出新产品时，为其制定高价的营销策略。愿意为该产品支付高价的客户群体就好比这杯牛奶最上面的那层奶皮。采用这种营销策略的企业所瞄准的经济目标是企业利润，而非市场份额。译者注。

无情的经济学

对于不同的客户来说，每个座位的价值不同，故售价也有所不同。

策略。如果该产品需求强劲，企业就可以为其设定高价，因为那些超级热情的买家会欣然支付高价。然而，随着时间的推移，如果想把产品卖给更广泛的客户群体，该企业就不得不降价，因为这些客户只有在觉得产品物有所值且价格很有竞争力时，才会出手购买。最新型号的 X-Box 游戏机及 iPhone 手机就是撇脂定价的例子。

一家企业承诺与其最接近的竞争对手进行价格匹配是很常见的现象——如果你在别处看到了价格更便宜的这种商品，我们就给你退差价金额。对于消费者来说，这听起来相当不错。但是在企业之间，这却是阻止价格竞争的一种方法。如果你的竞争对手采用这种比价策略，你就不会再有降价的动机，因为你的对手也承诺了要进行同等幅度的降价。因此，符合所有企业利益的做法就是保持价格稳定，而非触发一场价格战——因为你的竞争对手已经高调做出了承诺，会效仿你进行定价。因此，既然两家企业都明白了价格战会造成两败俱伤，它们就不会再发起价格战了——作为奖励，客户认为他们得到了一笔好交易！

第13章

弹性

弹性衡量的是需求对价格或收入变化的敏感程度。在设定价格或解释消费者行为时，了解商品弹性的大小意义重大。

提高价格就会导致需求下降，这是我们的预期，但问题是：需求会下降多少呢？这就是弹性要衡量的东西。在价格上涨的情况下，你会继续购买哪些商品呢？你又会为哪些商品寻找替代品呢？

假设汽油的价格上涨10%时，其需求仅下降1%，我们可以认为，汽油的需求是缺乏价格弹性的——对于价格的变动，需求相对不敏感。相比之下，假设一辆菲亚特朋多汽车的价格上涨了10%，那么人们对这个车型的需求可能就会下降15%。购车者可选的车型有很多，但如果是油价上涨，所有拥有汽油车的车主都别无选择，只能继续购买。

缺乏弹性的需求

如果一种商品价格的提高只会带来需求的小幅下降，我们就说这种商品的需求是缺乏弹性的。

缺乏弹性的商品往往替代品较少，并且少有竞争者。它们同时也是一些必要的或者不可或缺的商品——离开它们，我们就没法生活。如果我们对烟草制品上瘾,那么即使香烟价格上涨,我们也不会停止吸烟,因此这种需求就是相当缺乏弹性的。

富有弹性的需求

若一种商品价格的变动能导致需求产生较大幅度的波动,那么这种商品的价格弹性就比较大。

对价格变动敏感的商品通常都是那些替代品很多的商品。如果你选购洗衣粉时,发现某一个品牌价格上涨了,那么就会促使你转向选购另一个品牌的洗衣粉。如果菠萝的价格上涨,那么大多数消费者就宁愿选择其他类型的水果。此外,如果一种商品要耗费掉你收入的很大一部分,如出国度假,那么其价格上涨就可能会让你负担不起,这也意味着,你对它的需求是非常富有价格弹性的。

弹性为什么很重要

一家企业当然希望其产品的需求缺乏价格弹性,因为这就能使其在提高价格时不失去太多的消费者,从而提高利润率。为什么可口可乐每年都在广告上花费数十亿美元?就是为了让人们对可口可乐的需求变得缺乏价格弹性。高品牌忠诚度就意味着,大多数消费者不想转换到另一个替代品牌。相比超市自有品牌的可乐,即使可口可乐的售价更高,消费者也仍然会购买价格更贵的可口可乐。

$$需求的价格弹性(PED) = \frac{需求数量变动的百分比}{价格变动的百分比}$$

第 13 章　弹性

消费者在一家苹果零售店外面排队。品牌忠诚度会使一种产品失去价格弹性。

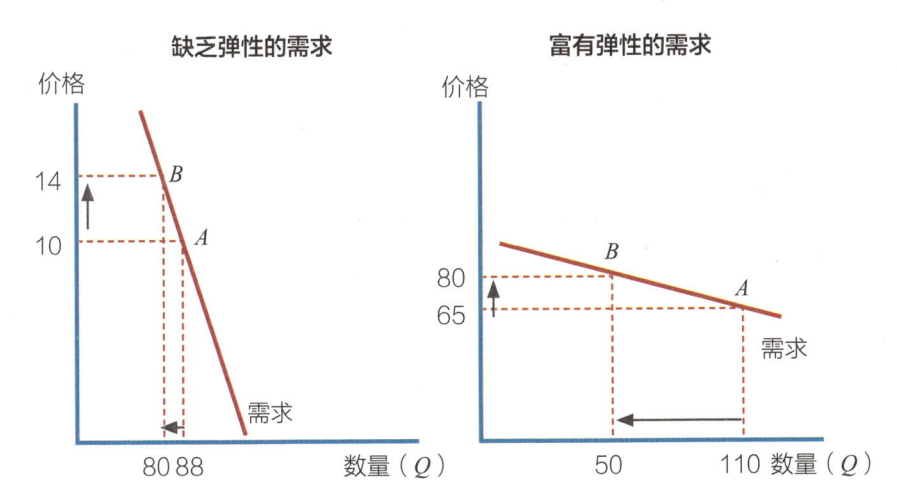

缺乏弹性的需求

富有弹性的需求

在图中所示情况下,价格上涨了 40%,而需求只下降了约 10%。
PED = −10/40 = −0.25。

无情的经济学

高品牌忠诚度使可口可乐缺乏价格弹性。

另一个相关的概念是对烟酒征税。为什么各国政府都热衷于增加这类税收呢？部分原因是它们被视为"赎罪品"或"罪恶品"，但同时也是因为它们的需求是缺乏弹性的。如果政府提高了对香烟的税收征收率，其需求往往只会小幅下降。大部分税收都转嫁到了消费者身上，所以政府的税收收入会大幅增加。

从长期视角看待弹性

假设天然气的价格上涨了50%，这会如何影响需求呢？多数消费者会缩减一些消费（减少燃气中央供暖），但总体上，他们是毫无招架之力的，他们需要使用天然气来做饭和取暖。50%的价格上涨幅度可能只会导致需求下降10%——这种商品非常缺乏价格弹性（-0.2）。然而，这只是短期效应。在长期，消费者可能会努力寻找一种更廉价的替代品。如果天然气价格的上涨已经持续了几年，那么需要购买新炊具的消费者就可能去选购一款电烤箱。他们甚至会抛弃燃气热水供暖设备，转而购置电动热泵。显然，花费3000英镑购置一套全新的中央供暖系统将是一笔大开销，但是只要天然气价格的涨幅足够大，随着时间的推移，人们对燃气的需求就可能开始下降。

对企业来说，这一点也许非常重要。例如，在奈飞公司发展刚刚起步时，它主导了流媒体电视市场，需求是缺乏弹性的，即使奈飞公司提高价格，市场也会持续增长。然而，奈飞公司定价的上涨会促使更多的竞争者进入流媒体市场，当这一时点到来时，消费者最终就会放弃奈飞，转向价格更便宜的替代品。这表明，弹性是很重要的：在短期，需求可能是缺乏弹性的，但是在长期，却不能保证这种状态会持续下去。

供给弹性

弹性的概念可以扩展到经济学的其他部分，比方说，供给弹性。如果一种商品的价格上涨，企业会增加多少供给呢？

如果企业只是小幅增加供给，我们就说，其供给是缺乏价格弹性的。而如果供给的增长幅度很大，我们就说，其供给是富有价格弹性的。一个关键因素是企业增加供给的难易程度。例如，如果啤酒的价格上涨，那么相对而言，啤酒企业扩大产量且满足新增的需求是比较容易的。然而，如果钻石的价格上涨，钻石企业增加供给就要难得多，因为钻石的存量有限，而寻找新的钻石来源并建一个新矿则需要很长的时间。

供给弹性的重要性

在农业领域，生食商品的供给是缺乏弹性的，至少在短期内是这样的。从农作物的播种到收获，可能需要四到六个月的时间。所以即使西红柿的价格迅速上涨，农民也无法在

与大多数生食商品一样，西红柿的供给是缺乏弹性的，因为其种植需要几个月之久。

几个月内对此做出反应。这会使农产品的价格波动非常之大。高价格激励了供给的增加，但等到新增的供给进入市场时，产品价格已经由于供大于求而下降了。这又会导致农民减少供给，从而引发价格再次上涨。

需求的收入弹性

如果你的收入提高，你会多买哪些商品呢？很可能是奢侈品——国外度假、有机食品、高档葡萄酒等。当收入很低时，你觉得在这些商品上花钱是不合理的，但当收入增加后，你更大比例的资金就会花费在这些商品上，而你对一些基本品或者说"低档"商品的需求甚至可能就会下降。如果你的收入增加了，你就会买有机酸面包，而不会再购买超市自有品牌的"超值"面包。人们对有机面包的需求就是富有收入弹性的，而对"超值"面包需求的收入弹性则是负的（更高的收入会导致更低的需求）。

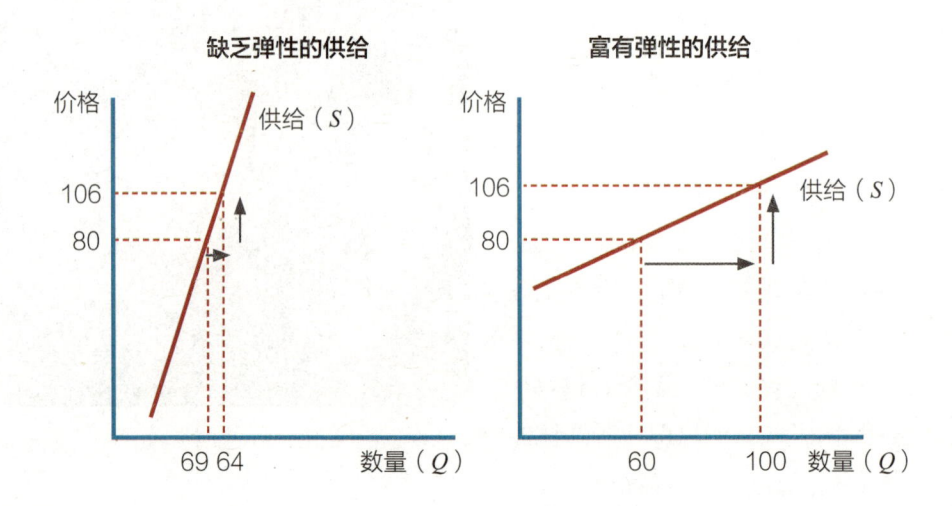

缺乏弹性的供给

价格 | 供给（S）
106
80

69 64　数量（Q）

富有弹性的供给

价格 | 供给（S）
106
80

60　100　数量（Q）

第14章

供给侧政策

供给侧政策是指旨在提升经济效率与生产力的各项政府改革。

实施供给侧政策主要有两种路径。第一种可以称为市场导向型改革,因其试图利用的是自由市场的效率及激励机制。第二种可以称为干预主义政策,因其寻求应对的是市场失灵,并依靠政府干预来提升经济体的生产能力。随着英国首相撒切尔夫人与美国总统里根不约而同地对缩小政府权限范围以释放市场潜能这一观念予以认可,在20世纪80年代的英国与美国,

罗纳德·里根。

无情的经济学

1984 年的矿工大罢工。

自由市场导向型供给侧政策开始流行起来。

自由市场导向型供给侧政策

　　一项主要的供给侧政策就是私有化。这涉及将国有公司出售给私人买家，其逻辑在于，政府对一家企业或一个行业拥有所有权意味着利润动机的缺失，企业因而会趋向于停滞不前、反应迟钝。国有企业都大而不倒，但它们的管理者却缺乏缩减成本及开拓创新的果敢力。而在这些企业被私有化之后，使利润最大化的动机就会激励企业去削减成本。国有企业私有化的实证结果是好坏参半的，在有些行业，如电信业和航空业（在技术的帮助下），价格已经显著降低，还出现了一系列新产品及新的定价策略，而对于自来水等自然垄断行业（因为竞争是无效的），私有化的争议就大一些，在这样的行业中，私有化将一家国有垄断企业转换成了私人垄断企业，并且需要政府监管，否则，私人垄断企业就可能用更高的价格去压榨消费者。

第 14 章 供给侧政策

另一项关键的供给侧政策就是放松管制或竞标。其初衷就是终结垄断权，让企业直面竞争。支持者认为，这是压低价格并鼓励企业提供更好的产品或服务的最佳方法。在那些确实形成了真正竞争的行业，消费者往往会从更低的价格中受益，因为垄断权总会导致更高的价格。为了避免私人垄断的产生，放松管制常常伴随着民营化的过程。

又一项重要的供给侧政策就是放松对劳动力市场的管制。这项政策涉及的措施包括：削弱工会权力，降低最低工资标准，取消那些保护工人的立法，比方说，加大解雇劳动者的难度或者以法律的形式规定每周的最长工作时间。这项供给侧政策的理念是，变通性更强的劳动力市场能降低企业成本，让企业比以前更愿意雇用员工。玛格丽特·撒切尔尤其认为，工会组织扼杀了新的工作惯例的形成，进而阻碍了生产率的提升。这种变通性更强的劳动力市场尽管招致了劳动者的批评，却自然地受到了雇主们的拥护。但是，这种放松管制的政策需要维持一种谨慎的平衡：劳动力市场的管制有助于保护劳动者，使其免受无良雇主的压榨；而推行低工资政策及劳工权利的缺失所形成的低工资经济，可能会减少人们对生产能力的投资。我们可能反而需要把那些设定了高工资水平的国家与更高的生产率相挂钩。

还有一项比较流行却具有争议性的供给侧政策，就是减税政策。其逻辑是，削减个人所得税与企业所得税有助于增加劳动力供给及促进商业投资。减税可以提高劳动者能持有的自身收入的比例，能够对劳动者加班及更勤奋地工作形成一定的激励。如果税率提高 70% 或 80%，那么劳动者加班或延长工作时间的动机就会降低。同样地，如果企业所得税降低了，那么企业就可以保留更多的利润以用于投资,从长期来看,这就能提升经济体的生产能力。有些时候,减税确实能提高生产率。法国一度尝试对百万富翁实行 85% 的边际税率,但该政策所带来的税收收入增加的幅度却是非常有限的,因为法国的很多富人都搬到了税率更低的其他欧洲国家居住。在这种情况下,减少税收就相当于提供了对更努力工作行为的一种激励举措。然而,如果你观察英国和美国的情况就会发现,两国 30%～40% 的边际税率相较而言是更低的,但其降税政策对提高生产率的作用却极小。

一方面,降低税率强化了人们工作而非休假的动机,但是另一方面,也会有劳动者在减税后反而减少了工作时间,因为其目标收入已达到了。在实践中,大多数劳动者都没有太大的能力仅因为税收的变动而改变每周的工作时长。对于企业所得税来说,情况也是类似的。第二次世界大战后,全球企业的所得税税率都比以前要高得多,但是各经济体的投资活动却都相当强劲,经济增速也都较快。然而近几十年来,随着各国都竭力提供比别国更低的企业所得税税率以吸引投资,税收竞争变得异常激烈。各企业都已从企业所得税税率的下降中获益,但是整体的投资活动却并没有显著增加。

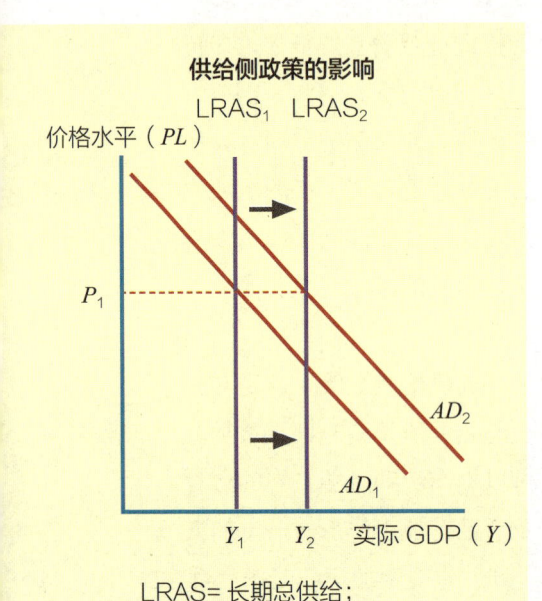

供给侧政策的影响

LRAS = 长期总供给;
AD = 总需求

第 14 章　供给侧政策

供给侧政策

自由市场导向型政策	干预主义政策
私有化——向私人部门出售国有资产——增强激励	公共部门对基础设施投资——改善交通运输状况并降低成本
放松管制——允许新企业进入市场——消除垄断，走向竞争	教育——增加对学校（包括大学）的资金投入——提升劳动生产率
削减所得税——人们在延长工作时间方面有了更大动机	职业培训——为赋予失业者新技能而制定政府规划
变通性更强的劳动力市场——削弱工会权力，降低最低工资标准，减少其他法规	住房供给——增加市建住房[1]的供给——提高人们的地域流动性
自由贸易协定——降低关税壁垒，减少其他贸易障碍	医疗开支——在医疗保健上的公共支出可以减少人们因体弱多病而损耗的时间
减少社会福利——加强找工作的动机	

干预主义供给侧政策

　　实施供给侧政策的另一种路径就是尽可能地提供自由市场供给不足的公共物品。例如，一国的经济增长可能会受限于港口与运输枢纽的匮乏，为了克服这个障碍，就需要政府实施中央计划与集中投资来建设更好的运输网络，这个网络本质上就是一种能惠及整个经济体的公共物品。投资于教育与更好的培训也是同样的道理。企业可能不愿意为一般性的培训做投

1　地方政府以低廉的租金为低收入群体提供的房屋或公寓。译者注。

入，因为它们为此耗费了钱财之后，员工却可能跳槽了。但是，如果政府能够针对劳工短缺的岗位提供更好的学徒制和就业培训，将有助于提高总体的劳动生产率。

供给侧政策总体来说广受欢迎，因为在理论上，这些政策能够促进经济增长，降低通货膨胀率与失业率，并提升国际竞争力。如果获得成功，它们并不存在什么真正的弊端，只会让经济体更加强大。唯一的缺点就是，政府的任何供给侧政策要想真正取得成功，都是一件很难的事情。从装配线到晶体管再到微芯片，生产率的最大飞跃（战时除外）往往都来自私营部门的创新及新工作方法的发明。此外，即使是最好的供给侧政策，也需要很长时间才能奏效。你无法一夜之间就提升劳动技能。这种时滞会令人沮丧，也使得对政策成败进行评判变得很难。供给侧政策的另一个关键之处在于如何实施，这是具有决定性作用的方面。像铁路或医疗保健这样的行业私有化，与像钢铁这样的行业私有化之间存在的差别是巨大的。在医疗及教育行业中，利润动机在激励员工方面的重要性会相对低一些。

建造港口是运用供给侧政策来解决自由市场经济中公共物品供给缺失问题的一个例子。

第15章

激励机制

激励机制是市场经济的一个关键因素。正是利润的激励，鼓励着企业家去冒险创业。

让员工加班工作的是更高的报酬这一激励。如果没有激励机制，经济就会丧失活力，停滞不前。市场经济与计划经济的一个重要区别，就在于计划经济通常缺乏真正的激励机制。如果无论怎样工作，收入或利润都是一样的，那么企业不努力削减成本也就不足为奇了。

激励机制也是市场这只"看不见的手"赖以运转的重要环节。假设人们对流媒体电视频道的需求有所增长。对消费者行为的这种变动，市场将如何反应呢？需求的增长当然就意味着制片公司能以更高的价格向奈飞及亚马逊这样的公司出售电视节目，电视节目售价的提高就会鼓励更多投资涌入，并提升演员们的薪酬。相比参与拍摄一部电影大片，演员与导演们为奈飞等公司制作电视连续剧所能获得的收益更高。无须任何外部指引，流媒体电视节目需求的增长和价格的上涨，就能让制片公司产生为市场制作适宜的电视节目的动机。另外，随着某地人们去电影院看电影的需求逐渐下降，反映出消费者行为发生了变化，电影公司会注意到利润在减少，其便有动机去寻找更有利可图的黄金地段。

无情的经济学

1973年的石油危机使各国纷纷寻求新的石油来源。

如果由于石油禁运或者来自某主要供应方的供给被切断，使石油供给下降，那么会发生什么呢？在这种情况下，油价会上升，消费者不得不面对价格昂贵的石油产品。但是油价的上涨也会促使企业产生寻找新的石油供给国或替代能源的动机。例如，在20世纪70年代，石油的供给是由位于中东地区的欧佩克国家控制的，但是，当油价在1973年上涨了两倍后，世界各国都产生了自己生产石油的强烈动机——即使是那些产油成本很高的国家也是如此。当每桶油价突破100美元时，即使是在石油开采成本很高的北极等偏远地区，生产石油都变得有利可图了。因此，1973年的石油危机出乎意料地导致了欧佩克的力量被削弱——它们所策划的油价高企让其他国家也有了生产石油的动机，从而使石油的供给更加多元化了。

这里有一个重要的告诫：激励机制若要发挥作用，需要相当长的时间。例如，由于油价上涨与俄乌冲突，2022年天然气的价格大幅跃升。然而，即使天然气的价格相比之前上涨了

7倍，也没有什么捷径可以立即增加供给。为形成新的天然气来源而建造相关基础设施及输气管道都须耗时长久。动机是有的，但时间太长的因素也不容忽视。此外，对有些产品来说，光有激励机制还不够。例如，在许多城市的中心，租房价格都成几何级数上涨。在自由市场中，这应该会形成增加住房供给的激励。然而，通常的激励机制在此却不再适用，其原因要么是土地供应不足，要么是对盖楼有限制，这就会造成住房供应的持续短缺。

有一个不那么引人注目但也许对全球贫困问题来说更为重要的现象，就是2022年小麦价格的上涨。来自乌克兰与俄罗斯的供给同时缩减，致使小麦价格达到了创纪录的高位——这对小麦依赖进口的国家产生了重大影响。好在能种植小麦的国家有很多，而且小麦可以一年播种两季。因此，农民在决定种什么的时候，会持续关注各种食品的价格。小麦创纪录的高价

小麦的高价可能会鼓励农民种植小麦，而非其他作物。

肯定会鼓励世界各地的农民增加小麦种植——以从价格上涨中获利。例如，并不习惯播种小麦的印度农民在看到小麦的价格上升时，也会考虑种植这种作物。

在经济的其他领域，小麦价格的上涨也将形成各种不同的激励机制。农民可能会停止种植生物燃料作物，转而种植小麦。同时，如果小麦的价格涨得太高，也会刺激消费者寻找替代食物。例如，在摩洛哥与阿尔及利亚（两国都是小麦的主要进口国），小麦价格的上涨对习惯了吃面包及小麦制品的消费者来说影响很大，如果小麦价格持续处于高位，他们就可能决定改变自己的饮食结构——选择大米、大麦、玉米和燕麦等其他谷物。

创纪录的价格经常会成为头条新闻，而激励机制几乎无形的影响则不那么值得媒体报道，但能使市场重新回归均衡状态的却正是激励机制，激励机制为增加供给或生产及消费其他产品创造了必要条件，从而使市场重归均衡。诚然，激励机制会存在时间延迟且市场激励机制也可能并非总能完全发挥作用的问题，但也正是激励机制能够持续助力土地、劳动力与资本在经济中获得最有效的利用。

激励机制的重要性对经济政策具有一定的启示作用。假设天然气的价格由于供给的下降而长期上涨，为了保护消费者，政府可能就想补贴价格，但是这种人为的低价会剥夺企业增产及消费者转向替代能源供给的动机，从长期来看，这种做法只会加剧天然气的短缺。有时，价格上涨是对持续已久的短缺的必要反应。

第16章
价格管制

在某些情况下，政府可能希望限制价格的上涨。例如，如果食品或房租价格上涨得太快，政府可能会担心这将导致贫困现象出现，并因此决定对价格设定法律上的最高限制。

价格管制的好处在于可以保护社会上最贫穷的群体，使其免受因物价过高而负担不起之苦。在试图避免过度的通货膨胀压力时，价格管制也可能会派上用场。如果政府认为有企业在漫天要价，利用其垄断权来提高自身的利润率，那么价格管制便可以成为试图打压这种市场权力滥用的一种方式。

价格管制存在的问题

理论上，价格管制是应对通货膨胀与贫困这两个类同问题的有力政策。然而在现实中，这种政策却会造成意料之外的后果，这些后果通常会导致另外的问题出现。首先，快速上涨的价格表明这种商品处于短缺和（或）供不应求状态。强加价格管制并不能解决这一根本问题。事实上，如果出现食品短缺，价格管制甚至可能会使情况更糟。其次，降低价格会削弱供应商增加供给以解决问题的动机。因此从长远来看，价格管制会导致食品持久短缺。而允许价格上涨则会形成让农民多种粮食

价格管制

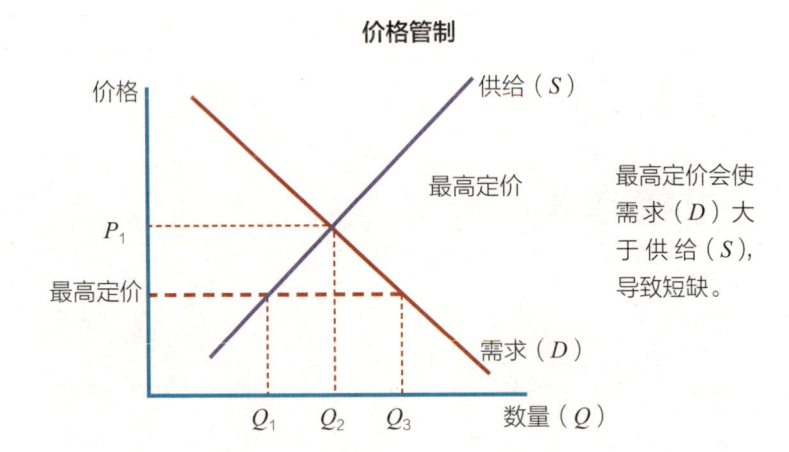

价格

P_1

最高定价

供给（S）

最高定价

需求（D）

Q_1 Q_2 Q_3 数量（Q）

最高定价会使需求（D）大于供给（S），导致短缺。

以应对短缺的市场激励机制。

另一个例子是 2022 年出现的天然气短缺。许多国家的政府以限制价格来进行应对。然而问题是，如果价格管制将价格人为控制在低位，消费者减少需求的动机就会下降，因此，价格上限会在最关键的时刻导致天然气短缺。而如果允许价格依市场力量上涨，就会激励家庭与企业均提高能源使用效率，并想方设法降低需求以求度日。高价格对家庭而言会很痛苦，却能缓解天然气短缺的根本问题。如果政府担忧公平问题，那么一种更有效的政策则是允许价格上涨，但要为那些最需要天然气的群体直接提供收入支持。这样，政府就能为两个问题提供最优解——既保障了穷人的生活水准（不降），又保留了削减需求的市场激励机制。

价格管制形成的另一个问题是，人为压低价格会造成短缺，并使定量配给成为必需措施，这就会导致具有浪费性质的经济活动。例如，在 20 世纪 70 年代石油危机期间，美国曾试图对石油实行价格管制，而其造成的结果是，汽车排着长队

第 16 章 价格管制

等待得到有限的汽油供给。如果为了获得一种面临最高限价规定的商品，我们不得不消耗掉一个小时的时间，那么我们确实也需要考虑额外的时间成本。油价可能是每加仑 4 美元，但如果我们的时薪是 20 美元，汽油的真正价格就是 24 美元。此外，扭曲了市场机制的价格管制肯定还会使非法黑市交易应运而生。当价格被设定在低于市场均衡水平时，那些买到了紧俏商品的人就能以更高的

第二次世界大战期间美国的价格管制宣传海报。

价格把商品出售给那些想要购买却无法获得有限供给的人。以大型音乐会的（紧俏）票价为例，形成一个黑市以转售其门票总是很容易做到的。

第二次世界大战期间，英国和美国都实施了价格管制。到战争结束时，美国有 1.5 万人在负责实施价格管制的行政部门工作，他们在设定价格的同时，也有权指定价格管制商品的范围，并负责执行这些规定。这凸显了价格管制官僚主义与低效的属性。此外，研究表明，相比没有实施价格管制的情形，这一时期的产出要低 7%，因为较低的价格扭曲了原本可以发挥作用的利润激励机制。

价格管制的其他原因

尽管价格管制存在种种弊端，但为其提供正当理由仍是可

能的。例如,由于买方没有其他选择,有着非常强大垄断势力的企业就能够提高价格。再如,如果租客面对着要涨价的房东,其有着垄断权,而更换住处对租客来说很难,那么在这种情况下,就可以实施价格管制,同时因为供给是非常缺乏弹性的,这种价格管制所造成的出租房的减少也是很有限的,除了把房产出租出去,房东的其他选择并不多,因而实施价格管制就直接压低了他们的额外利润。

为了更加有效地增加供给,价格管制确实需要某种配给系统,或者说需要付出相应的努力。例如,在两次世界大战期间,英国就实施了价格管制,但同时也引入了配给卡。在相当长的一段时间内,这种配给卡与价格管制结合起来运用,把价格维持在了均衡状态以下的水平。研究表明,当时的价格管制政策的确有助于控制美国与英国发生的通货膨胀,但这却是以非常广泛的政府干预为代价的,而这种政府干预普遍具有官僚主义及配给化的特征。在和平时期,政府很少会有勇气去实施长时间的价格管制,因为这种政策需要太多的政府干预。1971年及1973年,尼克松总统为了降低通货膨胀率曾两次实施价格管制,但这些措施都只是暂时使情况有所缓解:由于潜在的通货膨胀压力早已形成,在价格管制措施取消后不久,通货膨胀的态势就加速发展了起来。

1943年英国的食品配给。

第17章

通货膨胀

> 通货膨胀是指价格上涨的现象——生活成本上升。这是每个人都会注意到的一个经济学概念,它会严重影响每个人的经济福利。

高通货膨胀会导致不确定性,并且在最糟糕的情况下,会让正常的经济活动都变得难以进行。它可能会清空储蓄,把储户的收入再分配给借款人。然而,通货膨胀的影响取决于几个因素,例如,造成通货膨胀的原因是什么?通货膨胀是暂时的吗?工资相较上涨的物价,是同比例提高了吗?

(引发)通货膨胀有两种全然不同的原因。一种原因是,当经济非常快速地增长时,强劲的需求导致了短缺,为回应商品短缺与人手不足,企业会提高物价与工资水平。例如,由于实际工资上涨、消费者信心高涨及政府实行减税政策,英国在20世纪80年代末经历了快速的经济增长,英国经济的年均增速超过了4%,这与2.5%的惯常增速形成了对照。这意味着,人们对商品需求的增速快于企业能产出的供给的增速,其结果就是进口增长与价格上涨。这就是经济繁荣的典型例子,并且我们把这种类型的通货膨胀称为需求拉动型通货膨胀,因为价格是被需求的增长拉高的。

另一种(引发)原因是,迥异的通货膨胀叫作成本推动型

长期以来英国的通货膨胀水平

零售物价指数（RPI）的年度变化（%）

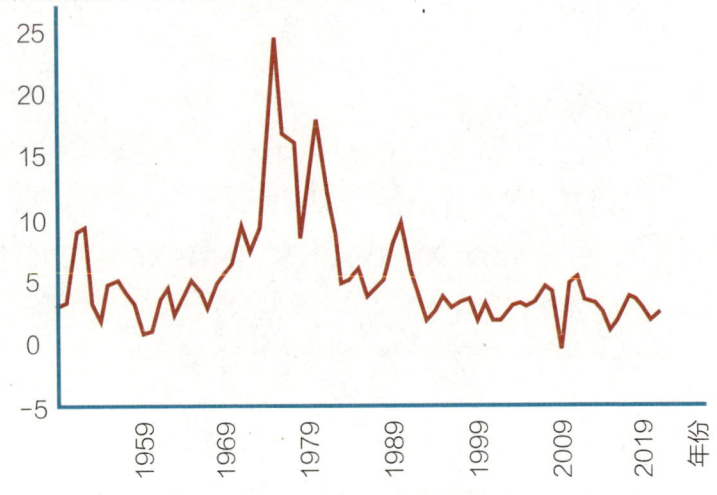

通货膨胀在20世纪70年代达到了峰值。

通货膨胀。它发生在价格因生产成本上升而提高的情况下。例如，上涨的石油价格通常就会引发通货膨胀。当石油价格上涨时，燃料的成本就会增加，进而经济体中大部分商品的运输成本也会增加。消费者将会面临汽油价格的上涨，而企业则会面临运输成本及能源账单金额的上升。1973年，欧佩克将石油价格提升了两倍，引爆了全球性的通货膨胀，英国与美国的通货膨胀率分别达到了约20%与15%。2021—2022年，我们经历了一次新的成本推动型的通货膨胀。2022年的通货膨胀源于石油价格及天然气价格的上涨，而俄乌冲突及相应的制裁行动在一定程度上加剧了这种上涨的程度。新冠疫情背景下的封控政策中断了惯常的供应链，这也造成了成本的拉升。船只受困于某些港口，这使得在世界范围内运输商品的难度更大，运费更贵。这也是造成全球性通货膨胀的因素之一。

第 17 章 通货膨胀

对于普通消费者而言，他们并不太关注引发通货膨胀的原因是什么，而对于政策制定者而言，搞清楚造成通货膨胀的原因却很重要。如果通货膨胀是因为经济增速过快而产生的，那么中央银行就可以提高利率以降低经济增速。提升利率可以增加借款的成本，并且可以减少消费者的支出与投资活动。这样就可以使经济增速放缓，企业也将有能力使产出跟上需求增长的步伐。这样也就使我们能够——至少是理论上——在不用付出太大成本的情况下降低通货膨胀。

还有两点可以进一步考虑。如果通货膨胀是由强劲的经济增长引起的，那么工资就可能也在上涨。如果你拿回家的工资增长了 10%，而通货膨胀率为 7%，那么你仍会感知到实际工资有 3% 的年增长率。在这种情况下，通货膨胀的代价就低得多了。此外，当利率高于通货膨胀率时，储户们（通常因通货膨胀而遭受损失的人）反而会发现他们储蓄的真正价值受到了保护。

然而，当发生成本推动型通货膨胀时，该怎么办呢？这种通货膨胀会由石油价格的上涨或进口商品价格的提高而引发。此时的问题在于，我们可能不仅遭受着价格的上涨，还同时面临着经济增速的下降。石油价格的提高会降低可支配收入。企业与消费者在购买商品时都不得不支出更多，但是他们收入的增长却可能跟不上物价上涨的幅度。成本的增加导致了物价的上涨，但是人们却并没有感到境况变好了，这是因为他们的工资没有物价上涨得快，且实际收入在下降。这就是所谓的滞胀——价格上涨与经济增长停滞并存，即通货膨胀与增长这两个方面最糟糕的状况同时出现。

中央银行可以通过提高利率来降低通货膨胀，但是高利率

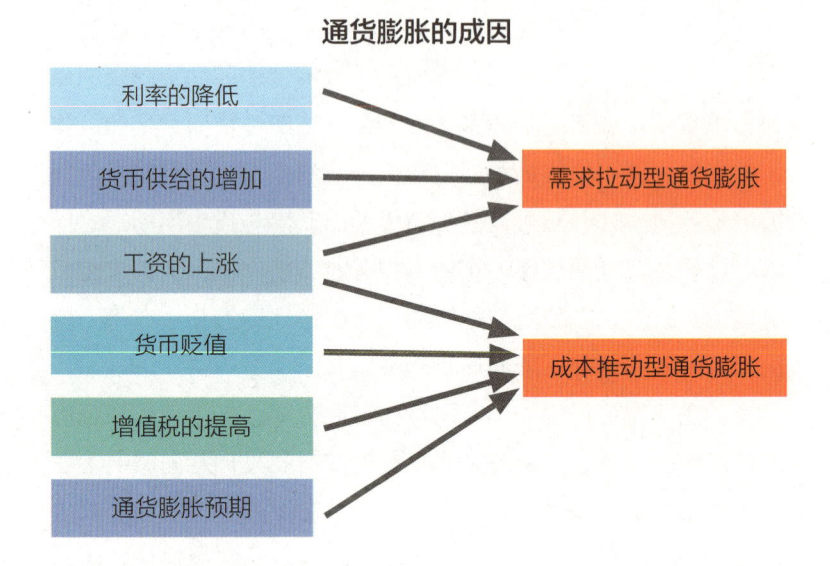

通货膨胀的成因

- 利率的降低 → 需求拉动型通货膨胀
- 货币供给的增加 → 需求拉动型通货膨胀
- 工资的上涨 → 成本推动型通货膨胀
- 货币贬值 → 成本推动型通货膨胀
- 增值税的提高 → 成本推动型通货膨胀
- 通货膨胀预期 → 成本推动型通货膨胀

将使经济增长速度进一步放缓。在 2008 年全球金融危机期间，通货膨胀率达到了 5%，同时还出现了经济衰退。世界多国的中央银行都将利率降至 0.5%，这意味着储户的境况变得更糟，并且很多上班族的实际工资在减少，因为通货膨胀率高于其工资的增长率。2022 年，许多中央银行都面临着相似的困境——需要提高利率以降低通货膨胀，但这却有导致衰退的风险。在两者之间维持平衡确实是一件棘手的事。

通货膨胀的赢家与输家

通货膨胀的另一个特点是，它会制造赢家与输家。潜在赢家之一是那些借了很多钱的个体，如债务水平很高的一国政府。为什么一国政府会从中受益呢？在通货膨胀期间，政府收入将会增加，因为通货膨胀会带来名义工资的上涨及利润水平的上升，这就意味着，政府征缴的所得税与销售税会增加，同时，为了弥补赤字而出售的政府债券的实际价值却在下降。随着名义收入的增长，那些购买了政府债券的人却会看到，他们储蓄的实际价值在下降，即政府偿还他们变得更容易了。例如，一种政府债券以 1000 美元的价格出售，在经过连续 20 年 9% 的通货膨胀率之后，该债券的实际价值就只剩 116 美元了。因此，预期外的通货膨胀可能会成为一国政府降低其实际债务与 GDP 之比率的有效途径，不过，此途径也有一个缺点：如果一国总是以高通货膨胀闻名于世，那么人们就不会再购买其发售的债券了，除非该国政府提供很高的利率。所以从长期来看，高通货膨胀可能会增加债务利息的支付这项成本。但无论如何，在 20 世纪 70 年代及 2022 年，通货膨胀率都高于预期，这确实帮助一些国家的政府降低了其实际债务与 GDP 之比率。

恶性通货膨胀

在西方，通货膨胀率超过 5% 通常就被认为是有问题的；它会带来不确定性，并且会使企业对任何存在风险的投资活动都望而却步，因为未来的成本与收入都不能够确定。尽管如此，个位数的通货膨胀率仍然是相对可控的。然而，通货膨胀率的上升有时却会失控，将会攀升到一个极高的水平。

例如，1923 年 10 月时的德国正经历着 29500% 的月度通货膨胀率，物价每隔 3.7 天就会翻一番。在这样的通货膨胀时期，货币很快就变得没用了，人们一经收到工资支票，就需要在价格上涨使其变成一张废纸之前赶紧把它花掉。当货币迅速贬值时，人们会失去所有对经济体系的信心。没人愿意在银行里存钱，人们会转向物物交换的经济模式——以食品等实物形式获得报酬。此外，我们也常会看到人们转而持有价值稳定的其他

无情的经济学

20世纪20年代德国的恶性通货膨胀。

币种的情形。

当一国政府印钞的速度比经济产出的增速快得多时,就会发生恶性通货膨胀。例如,1922年,某种程度上由于战争赔款的原因,德国出现了产出下降。为了应对这一状况,德国政府开始印钞,以期能够付得起劳动者的工资,但是这却开启了一个使通货膨胀更加恶化的进程。随着通货膨胀的加剧,劳动者要求他们的工资也获得同步上涨,因而使政府承受的印钞压力持续增大,于是促发了通货膨胀率的飙升进而使经济走向失控。如果我们来看一个现代的例子——2008年的津巴布韦,我们也会看到类似的情形:经济收缩——这种情况是由糟糕的政策造成的,而政府只通过印钞来应对。

第18章

通货紧缩

通货紧缩是指物价下降的时期，意味着通货膨胀率将为负值，人们的平均生活成本将下降。

乍一看，对家庭与个人来说，价格下降貌似是一件好事，因为大家用同样的收入能够买到更多的商品了。然而，尽管这听起来像是个悖论，但一段时期的通货紧缩常常会对经济产生有害的影响，因而一般情况下，中央银行均试图避免这种情况的发生。

价格下跌为什么是坏事

一个重要的问题是：什么造成了通货紧缩？通货紧缩通常是由于经济中需求的下降而发生的。如果经济疲软，并且家庭的实际收入降低了，人们就会减少消费。如果企业有未售出的商品及闲置的产能，它们就会决定大降价，以出清尚未售出的商品。随着价格的下跌，企业会寻求削减（或冻结）它们所要支付的工资。这就是通货紧缩的真正问题所在：价格在下降，但是工资也不再上涨甚或降低了。在这种情形下，即使物价更便宜了，上班族也可能并不愿意消费，因为他们意识到自己的工资也在减少。此外，如果消费者知悉物价在下降，他们就会产生延迟购买大件商品的动机。如果大电视的价格每年下跌

无情的经济学

如果电视的价格持续下跌，消费者就会推迟购买，因为他们预期将来的价格会更低。

5%，那么等到将来价格更便宜时再买大电视就是理性的，尤其是在消费者自身资金比较紧张的情况下。但是，如果很多家庭都这么认为，就会使经济中的需求以相当大的幅度下降，从而导致经济增长放缓及失业增加，而这又会给物价造成更大的下行压力。在20世纪90年代及21世纪头十年，日本经历了漫长的通货紧缩时期，这一现象至今还时常被人们提起：消费者不愿意消费，因为他们料定将来价格还会进一步降低。

通货紧缩的另一个问题是：它会增加债务的实际价值。假设你预期自己的工资每年会增长3%，因此办理了一笔1万英镑的贷款，然而，如果发生了通货紧缩，你的工资不升反降，那么还清这笔贷款就会变得更难。通货紧缩提高了现金的价值，但是也增加了债务的价值。因此，在通货紧缩时期，那些肩负巨额债务的家庭与企业将会发现，还清债务变得更加困难了。人们不得不将更大比例的可支配收入用来偿还债务，而可供其他事项开销的收入变得更少了。这就是所谓的债务通缩螺旋。

第18章 通货紧缩

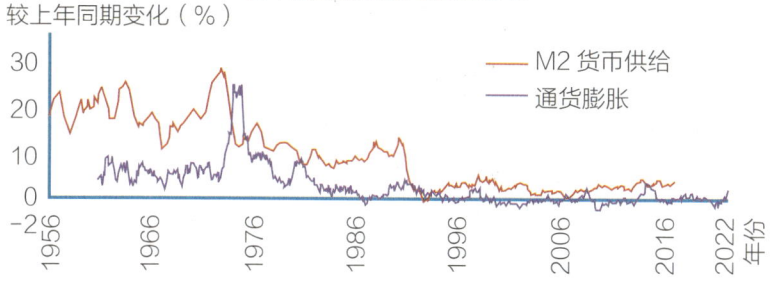

日本的货币供给与通货膨胀

较上年同期变化（%）

— M2 货币供给
— 通货膨胀

日本经历了长时间的零通货膨胀或通货紧缩。

通货紧缩对储户的影响

当然，与上述情况相反，通货紧缩却有益于储户储蓄。价格的下降意味着即使你持有的只是现金，你存钱的价值也会增加，并且将来能够买到更多的商品。然而，这种更强烈的储蓄动机却会给更广泛的经济领域带来问题，这就是约翰·梅

东京的涉谷路口。20世纪90年代及21世纪头十年的日本经受了长期的通货紧缩。

无情的经济学

约翰·梅纳德·凯恩斯。

纳德·凯恩斯所说的节约悖论。对个人来说,增加储蓄是完全合理的,但当大多数人都开始增加储蓄并减少消费时,就会导致需求的暂时下降,并引发失业率的上升与经济衰退——于是就产生了悖论。因此,节约对个人而言可能是有意义的,却会给整个经济带来诸多问题。这就是通货紧缩的另一个潜在问题——储蓄动机的增强会导致短期内经济增长的放缓。

从长期来看,高储蓄额是有益的,尤其是在一个经济体以前的储蓄率较低的情形下。同时,高储蓄额也增大了产生更强劲投资活动的可能性(因为吸收了更多存款的银行就能更多地对企业进行贷款)。但是,如果发生了通货紧缩,我们还会看到更多的投资吗?很可能就不会了。其原因在于,企业会十分担忧价格下行收益就会下降,因而投资回报的空间就会非常有限。此外,就算银行愿意放贷,企业也可能不愿意借钱,因为通货紧缩会增加债务的实际价值。

通货紧缩的另一个特点是,它可以使货币政策与利率的设定变得更加复杂。在产出下降的经济衰退期,中央银行很可能会降息以刺激需求上升及经济增长,然而,在通货紧缩的情况下,货币政策就不那么奏效了,因为利率不可能降至低于 0 的水平。负利率意味着消费者为了保有他们的积蓄,还得给银行倒贴一笔钱。因此,当发生通货紧缩时,人们所期望的利率可能无法实现,而对于通货紧缩这种经济状况而言,有效的实际利率水平又太高了，进而导致经济增长放缓。

有益的通货紧缩

上述推理说明了通货紧缩为什么会对经济有害，并会引发长期的经济停滞、高失业率与低增长。然而，也有可能出现一类有益的通货紧缩，即价格下跌但产出增加。这种通货紧缩缘于技术的快速发展，从而使得生产成本降低。在这种情况下，企业既能增加产量，又能降低成本。效率的提升使得企业在为消费者降低价格的同时，也能赚得更多的利润并支付得起更高的工资。在这种情形下，价格的下降就不会导致消费减少，因为家庭的实际可支配收入在显著提升。

经济中的某些商品出现了通货紧缩——例如，在过去50年里，电子产品的价格一直在下降，使得我们能够购买品类更多、功能更强大的产品。如果这一领域的技术进步能扩散到整个经济当中，那么理论上我们就可以（同时）享受到价格的下降及生活水平的提升。随着像人工智能或核裂变等新能源这样的新技术在日益发展，很可能会出现这种经济态势。如果能源

通货紧缩

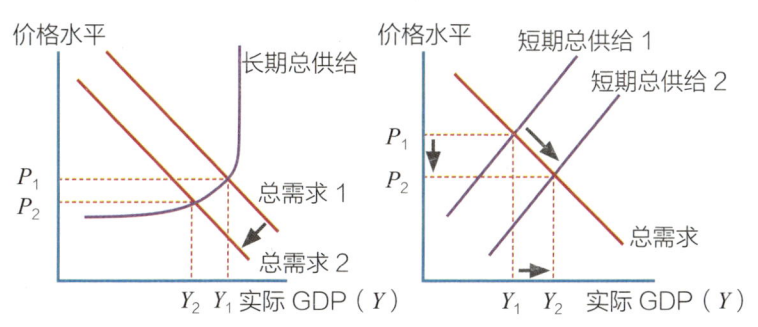

通货紧缩能够由总需求（AD）的下降或总供给（AS）的增加而引发。

价格变得更低了，物价就会下降，而这种下降与人们实际收入的提高却是能够并存的。

总体而言，一个经济体出现这类"有益的"通货紧缩是很难得的。虽然经济中的个别行业可能会出现价格下降的情形，但是服务业却鲜见这种情况发生，在工资不降的情况下，其价格很难降低。因此，近年来，各国中央银行通常都将2%设定为目标通货膨胀率。它们宁愿保持一个温和的通货膨胀率，也不希望出现零通货膨胀的状况，更不愿意经受与通货紧缩相关的问题所产生的风险。

第19章

滞胀

滞胀是指高失业率与高通货膨胀率并存的时期。这是一种十分不利的经济状况，因为政府与中央银行面临着一种权衡，而且同时解决这两个问题的难度很大（如果不是不可能的话）。

滞胀可以通过所谓的痛苦指数来恰如其分地衡量。这个痛苦指数就是通货膨胀率与失业率的简单加总。一个经济体的痛苦指数越高，滞胀就越有可能成为一个问题。

滞胀的原因

滞胀通常是由原材料价格或其他生产成本上涨引起的。例如，石油价格的大幅上涨将导致运输成本及生活成本提高，从而引发成本推动型通货膨胀。由于企业面临着更高的成本与价格，它们就不得不进行裁员，因为它们无法承担全部成本。此外，家庭与消费者面对价格的不断上涨，其实际收入将减少，这会导致他们减少消费，以支付更高的交通费与能源账单。消费者支出的减少将加剧经济增速的放缓，并可能导致更多的人失业，因为企业可能会因需求下降而裁员。

例如，在1973—1974年的石油危机使石油价格上涨了两倍之后的20世纪70年代，就发生了一次严重的滞胀。对于

痛苦指数

痛苦指数 = 通货膨胀率 + 失业率。

被迫抬高价格的企业来说,这是一次很大的冲击,而对于家庭预算来说,这次的通货膨胀也是一次巨大的打击,因为在价格飙升的情形下,人们大部分的收入就像是被蒸发了一样。英国与美国等西方经济体在这一时期经历了令人不快的经济局面:失业率上升及通货膨胀率升高这两者并存。2022年,新冠疫情及俄乌冲突带来的能源价格冲击使我们再次经受了滞胀,我们又看到了在价格上涨的同时收入却并没有增加的情况,因此,我们感受到的是实际收入的下降与经济增长的放缓。失业率往往没有通货膨胀率上升得快,但是如果通货膨胀率在相当长的一段时间内维持在高位,企业就会开始减少工作岗位。

滞胀的其他成因还可能包括势力强大的工会。如果工会有能力推升工资,就会导致工资推动型通货膨胀,而企业却可能无法负担高于通货膨胀率的工资的增长幅度,从而会导致工作机会减少。此外,滞胀还更可能发生于经济衰退时期,当传统行业中的企业不断倒闭时,就会发生结构性失业,而这种结构性失业的出现与经济周期是无关的。所以如果恰逢成本推动型通货膨胀抬头,那么经济就会同时面临失业与通货膨胀的局面。

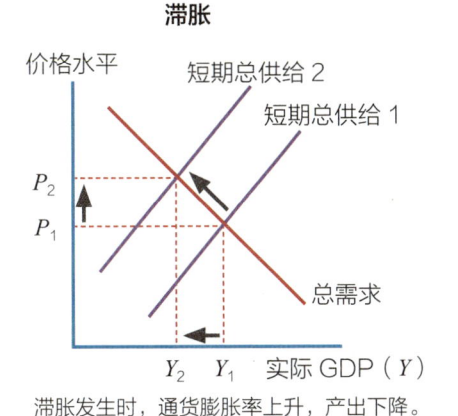

滞胀

价格水平 / 短期总供给2 / 短期总供给1 / P_2 / P_1 / 总需求 / Y_2 / Y_1 / 实际GDP(Y)

滞胀发生时,通货膨胀率上升,产出下降。

菲利普斯曲线的权衡

菲利普斯曲线是反映通货膨胀率与失业率的一种标绘图,它表明,这两者之间可能存在着反比关系。在正常的经济形态下,一个快速增长的强劲经济体会经历一段时期的就业率上升与失业率下降的情形。然而,随着经济接近于满负荷运转状态,通货膨胀就将开始抬头。这就是失业率下降与通货膨胀率上升之间的典型权衡。

为了缓和通货膨胀,一国的中央银行可以通过提高利率来减缓经济增速。利率的提升确实会压低通货膨胀率,却也会使失业率随着经济周期的变化而上升。同样,在失业率高且通货膨胀率低的经济衰退时期,中央银行则可以降低利率以减少失业。这表明,中央银行面临着一种选择——在通货膨胀与失业之间,它可以进行不同的取舍,至少在短期内是这样的。然而,在滞胀时期,这种权衡取舍却不再可行了。在失业率与通货膨

无情的经济学

菲利普斯曲线

通货膨胀率（%）

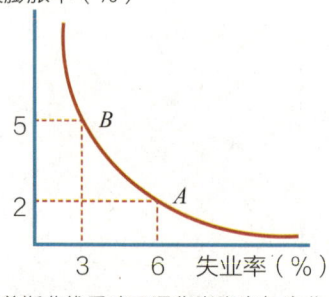

5 ······ B
2 ······ A
    3   6 失业率（%）

菲利普斯曲线反映了通货膨胀率与失业率两者的此消彼长。

胀率同时上升的情况下，中央银行无法仅靠货币政策就能解决问题。

应对滞胀

应对滞胀并没有什么灵丹妙药。中央银行能够做出的最佳决策可能是在短期内降低通货膨胀率，承受高失业率。高利率与（或）紧缩的财政政策会放缓经济增长的速度，并开始缓慢地压低通货膨胀率。然而，如果成本推动型通货膨胀的压力过大，通货膨胀预期过高，就可能需要有一次严重的经济衰退才能降低通货膨胀率，并改变人们的通货膨胀预期。在这种情况下，失业问题就会变得更糟，对政府来说，这可能会带来政治上的负面影响。20世纪80年代初，英国与美国都经历了严重的滞胀，然而，由撒切尔夫人主政的英国政府却下定决心打破通货膨胀的循环，即便以深度衰退为代价也在所不惜，这就使英国的利率上升到了极高的水平（17%），政府借款也有所减少，然而却引发了一次失业人口高达300万人的深度衰退。支持者认为，这是结束高通货膨胀循环的必要一步，假以时日经济就会恢复，而批评者则认为，没必要将此次经济衰退的程度搞得那么深，如此导致的失业率既令人无法接受也无太大必要。

第20章

经济衰退

经济衰退是指经济活动显著减少的时期,它通常表现为 GDP 的下降、失业率的上升及投资的缩减。

经济衰退是经济周期的一部分,它既可能相当短暂,又可能形成长期的经济萧条。

经济衰退的原因

经济衰退可能由多种因素引起。最常见的经济衰退是因中央银行有意减轻经济中通货膨胀的压力而造成的结果。中央银行会提高利率,减少消费者支出及投资。如果利率上升的幅度足够大,就可能带来总体需求的下降,进而导致经济衰退。一旦产出开始下降,我们通常就会看到乘数效应,它使得最初需求的下降因失业率的上升而得以放大,从而引发消费的进一步下滑。这种由需求冲击造成的经济衰退,其唯一的可取之处就是,一旦中央银行认识到经济已处于衰退之中,并

总需求下降所引起的经济衰退

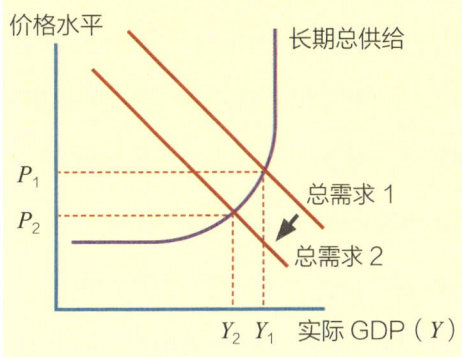

价格水平 — 长期总供给 — P_1 — P_2 — 总需求 1 — 总需求 2 — Y_2 Y_1 实际 GDP (Y)

且通货膨胀率已经下降，它就会降低利率，从而能够逆转衰退的趋势，使经济有复苏的可能。

供给冲击型经济衰退

另一种类型的经济衰退是由供给侧的冲击引起的，这种冲击导致了价格上涨。例如，石油价格的急剧上涨会增加企业与家庭的成本，并抑制其在其他方面的支出，这就可能导致经济衰退，但与此同时还存在另外一个弊端，就是导致通货膨胀。因此，中央银行肩负着在降低通货膨胀率的同时防止经济衰退这项艰巨的任务。它们通常希望，石油价格的上涨会被证明只是暂时的、短期的现象。但是，如果价格水平像2022年那样持续上升，就可能形成一股导致经济衰退的强大力量。

资产负债表衰退

近年来发生的最持久、最严重的经济衰退之一，就是2008—2009年的重大金融危机。在此次经济衰退中，并没有出现明显的需求侧冲击或者繁荣与萧条的情况，相反，这次衰退是由银行业存在的隐匿性问题造成的。21世纪初，美国的房地产市场蓬勃发展，导致了按揭贷款的激增。银行在放贷上变得越来越鲁莽，然后将这些低信用等级（次级）的按揭贷款打包出售给了世界各地的银行。2006年，利率的温和上升就导致了抵押贷款拖欠率的增长，因为低收入的借款人没钱按期偿还其债务。人们不得不亏本卖房，从而造成了房价的下跌和需求的枯竭。随着房价持续下滑以及越来越多的人无力偿还房贷，银行的亏损不断增加。这种情形不仅出现在美国，也出现在世界其他国家。

第20章 经济衰退

经济衰退的影响

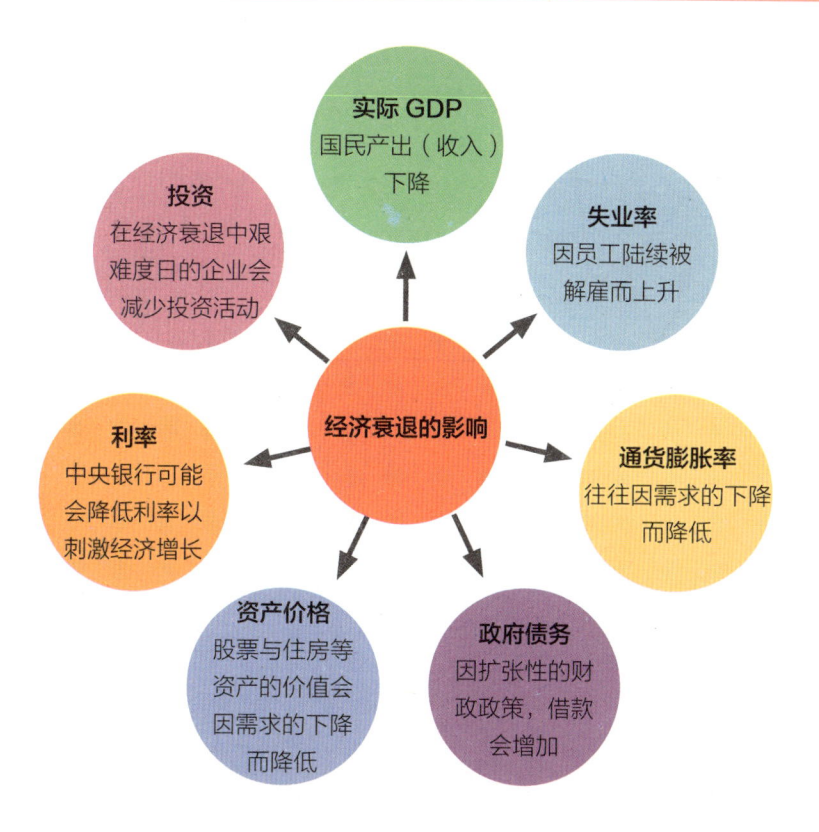

- **实际 GDP**：国民产出（收入）下降
- **失业率**：因员工陆续被解雇而上升
- **通货膨胀率**：往往因需求的下降而降低
- **政府债务**：因扩张性的财政政策，借款会增加
- **资产价格**：股票与住房等资产的价值会因需求的下降而降低
- **利率**：中央银行可能会降低利率以刺激经济增长
- **投资**：在经济衰退中艰难度日的企业会减少投资活动

习惯于以短期借款来保持流动性的各家银行突然发现，货币市场已经枯竭了。各金融机构不想再互相提供贷款了，因为它们都在经受房地产泡沫的终结所带来的损失。随着银行亏损额度的不断攀升，企业与家庭发现他们不能再借到钱了——即使它们的偿付能力非常稳固，并且还有过硬的抵押品。这种信贷的匮乏是引发消费与投资减少的重要因素，而消费与投资减少则会导致深度的经济衰退。受房价下跌与油价短期上涨的影响，经济衰退进一步恶化，但是银行业的流动性短缺才是主要的因素。这就是此次经济衰退能具有如此深度与持久性的原因。

无情的经济学

2008—2009 年美国的经济衰退

实际国内生产总值的同比变化（%）

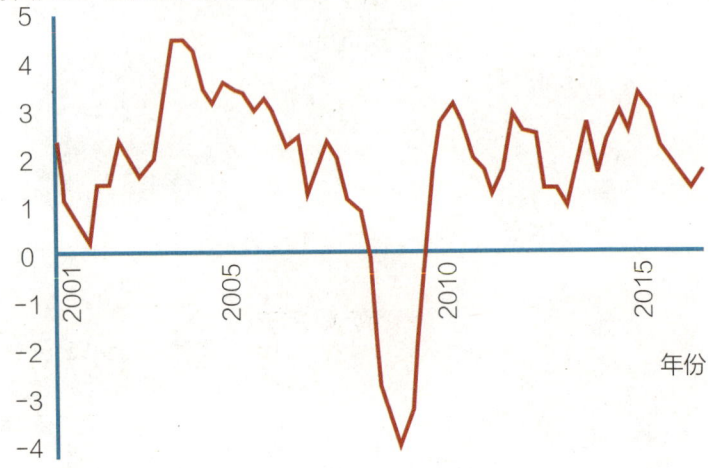

2008—2009 年，美国经历了产出的大幅下降。

而这并没有什么简单的应对办法。当各国中央银行把利率降至 0 时，按理说需求就应该会得到提振，但是，由于银行没有任何资金可以用于放贷，这一利率水平并不能产生太大的影响。

黑天鹅式经济衰退

经济衰退的最后一种类型被称为黑天鹅事件，即指意想不到、不可预测却会导致需求侧冲击发生的事件。例如，政府的封控政策阻止了人们开展日常经济活动，2020 年的新冠疫情导致了经济活动的衰减，也造成了 2020 年初 GDP 急剧下降的局面，当时的产出都暂时停滞了。

从衰退到萧条

对于经济萧条，并没有一个获得普遍认同的定义，但是它通常意味着 GDP 超过 10% 的显著降幅，以及（或）GDP 连

第 20 章 经济衰退

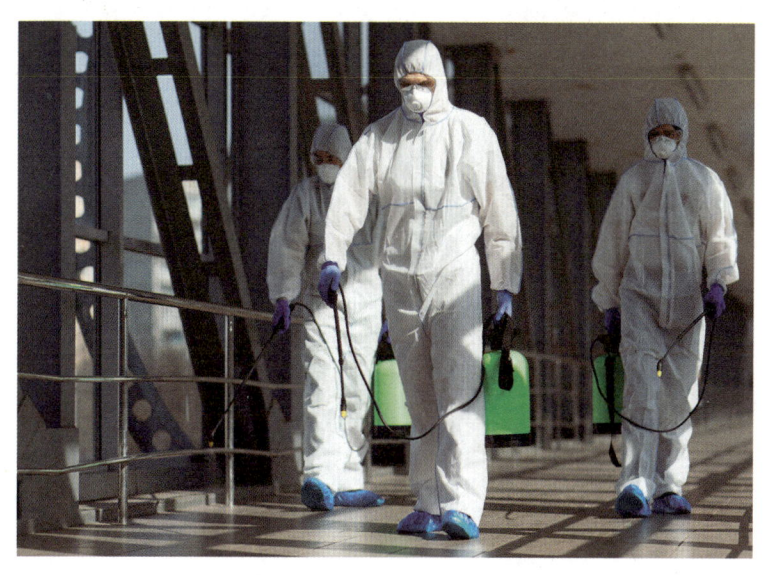

新冠疫情导致了 2020—2021 年世界经济的衰退。

续两年大幅下降的现象。哈里·杜鲁门曾打趣道:"当你的邻居失业时,这叫作经济衰退;而当你自己失业时,这叫作经济萧条。"

最佳的例子就是 20 世纪 30 年代的大萧条,当时由于很多中型银行破产,最初的产出下降被放大,给整个美国经济造成了更多损失。这导致了货币供给的大幅减少,并进一步压制了消费与投资,自大萧条以来,各国中央银行承担起了充当最后贷款人的责任,这样普通商业银行就不会被迫倒闭,从而不会让人们对银行体系失去信心,也就可能避免了温和的经济衰退演变为更大规模的经济萧条。

经济衰退的影响

经济衰退意味着产出低于潜在水平,并反映了资源未被充分利用。经济衰退最明显的代价体现在那些被解雇的人身上，经济衰退时，他们会遭遇收入减少、就业能力下降，以及失业状态下由压力而引起的各种问题。如果经济衰退是短期的，那么失业也可能是暂时的，但是在破坏性的经济衰退期间，行业动辄全部停业，就会导致显著的结构性失业，而这种失业又是很难解决的问题。在经济衰退时期，许多企业都会被迫破产，永久关闭。有一种理论认为，关门大吉的只是那些效率最低的企业，因此，经济衰退实际上使经济得以重获生机，新的创新型企业有时就是在经济衰退的低谷中才创建起来的，而这些企业日后会继续取得斐然的成就。然而，事实上，在经济衰退中倒闭的也可能是一些相当高效的企业，只因经济衰退确实重创了需求。例如，2020—2021年由新冠疫情引致的经济衰退严重影响了酒店业企业，并且即便是最好的企业也难逃此劫。倘若没有政府的支持，还会有更多的行业面临停业。

第21章

失业

失业会使潜在产出丧失,更重要的是,它可能会对个人造成毁灭性的影响。

一个找不到工作的人所要面对的是这样的烂摊子:收入大幅降低,再附加上无法从事一份有意义的工作所要承受的压力与心理代价。

失业的原因

造成失业的原因有几种,对失业者来说,不同的原因所带来的影响也是不同的。一种被称为摩擦性失业,即从一份工作转换到另一份工作,因困难而造成的失业,如果持续的时间较短,并且这个时间段能让失业人员找到一份与其技能相符的工作,那么这种失业就不一定是坏事。例如,如果某人的一份工作结束了,那么他在相似的领域找到一份新工作可能需要几周的时间,这不会对他造成什么影响。在任何经济体中,都存在一定程度的摩擦性失业,经济学家们认为的"充分就业"实际上意味着仍存在 2% ~ 3% 的失业率,其原因就在于,完全消除摩擦性失业是不可能的甚至是不可取的。一个拥有工程学学位的毕业生如果在收到第一份录用通知时就立即去工作,那么他就可能浪费了这个学位的价值,尤其是在这份工作并不需要

无情的经济学

失业的原因

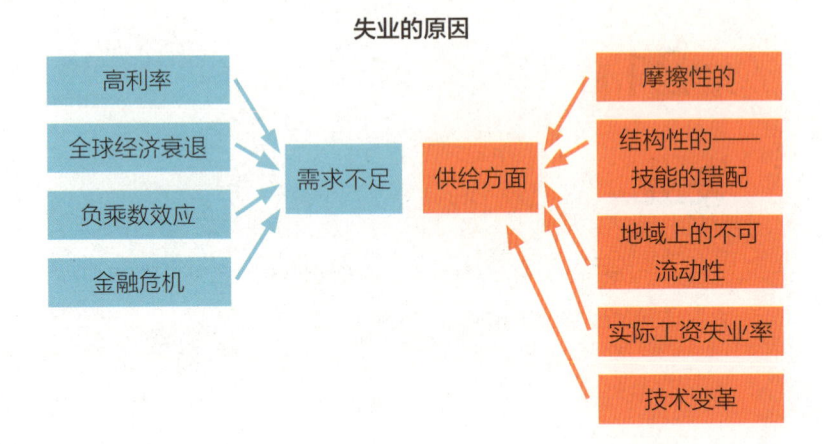

需求不足 ← 高利率、全球经济衰退、负乘数效应、金融危机

供给方面 ← 摩擦性的、结构性的——技能的错配、地域上的不可流动性、实际工资失业率、技术变革

什么专业技能的情况下。

更严重的一种失业类型被称为结构性失业，当一名员工缺乏招工岗位所必需的相关技能或资质时，就会发生结构性失业。

1909年美国的一场失业游行。

当一个国家失去制造业的竞争力时,该国那些通常依赖体力劳动的制造业工作岗位就会消失。倘若一个国家失去了劳动密集型产业的竞争力,它可能会在信息技术或计算机编程等高科技服务业领域实现增长,此时,如果劳动力市场极具灵活性,那么一名失业的纺织工人就可以毫不耽搁地转入与计算机技术相关的行业工作。然而,这名纺织工人可能并不具备在信息技术领域供职的资质,因此,即便该领域有尚未填补的职位空缺,他也可能会继续处于失业状态。当经济体中发生了快速的变革,或特定地区受到了尤其沉重的打击时,这种结构性失业的规模就可能会被放大。美国中西部及东北部各州的"铁锈地带"就是一个很好的例子。20世纪六七十年代,那里曾涌现过很多高薪的制造业岗位,但是后来随着企业逐渐倒闭,这些地区的失业率不断上升,导致资本与劳动力外流到沿海各城市。"铁锈地带"衰落之后,没有企业想在此投资,而很多失业工人却缺乏搬迁到其他州并从事其他行业工作的流动能力。劳动力并不具备资本那样的流动能力,因为工人们虽已失业,却可能仍与一个特定的区域保持着各种关联,搬到生活成本很高的沿海城市并非易事。

需求不足型失业

失业的另一种成因在于整个经济发生了周期性变化。当经济不断增长时,企业会一直保持招工状态,不断雇用更多的员工,失业率将会下降。然而,当经济陷入衰退,产出下降时,企业就会开始裁员,并且不再雇用新的员工。在经济衰退时期,平均失业率会上升,市场上根本没有足够的工作岗位可以提供——不管你多么称职,情形就是如此。

美国 1901—2021 年的失业率

美国失业率的激增与经济衰退密切相关。根据粗略的经验法则，大约 50% 的失业与周期性因素有关。

还有一种也许更具争议性的失业被称为实际工资失业或典型失业。当工会能够以强势地位进行谈判，或者最低工资规定将工资提升到了市场均衡水平以上时，这种失业就会发生。随着工资的上涨，企业需要的员工数量就会减少，这就导致了失业。现代各经济体中实际工资失业的程度各有不同。在英国与美国，工会势力相对较弱，不足以在谈判中争取到工资的大幅提升。事实上，雇主们都享有一定程度的买方独家垄断权（因为市场上实际只有一个买家，故其享有支付较低工资的权力）。不过，如果最低工资规定确实使工资水平上升了足够大的幅度，就会开始导致失业，尤其是在经济缓慢下行的情况下。

减少失业

减少失业的方法主要有两种——（提供）需求方面的政策与供给方面的政策。需求方面的政策包括财政政策与货币政策，它们都着力通过刺激经济活动来减少周期性失业。例如，在经

第 21 章　失业

20 世纪 30 年代的罗斯福新政运用财政刺激措施，创造了新的就业机会。

济衰退时期，中央银行可以降低利率来鼓励投资，或者政府可以投资公共工程计划来创造需求与就业机会。这就是 20 世纪 30 年代初美国罗斯福总统所推行的新政背后的原则。全球金融危机爆发后出台于 2009 年的各项财政刺激方案，也是基于这样的原则而实施的。

供给侧方法

支持供给侧政策的经济学家倾向于淡化需求管理的作用，他们认为，中央银行与政府所产生的问题常常与其所解决的问题一样多，因为财政政策很容易导致通货膨胀及债务水平的上升，而对解决长期性的失业问题却收效甚微。他们认为，减少失业的关键在于克服市场失灵，使劳动力市场变得更加灵活。他们会直指受到高度监管的欧洲劳动力市场，认为雇佣及解雇

无情的经济学

人员的各项成本首先就阻碍了企业雇用员工，只有当雇主面临的成本更低，受到的监管更少时，他们才可能有更强的动机去创造就业岗位。需要权衡的一点是，如果员工的权利过小，他们就可能被置于零工时合同[1]之下，这就会给他们带来经济上的不安全感，并且从长期来看，也会造成员工工作动机的减弱与生产率的下降。所有经济学家都倾向于认同的一种政策观点是，对员工的教育与培训进行改进是可取的，这种政策会使员工在回应劳动力市场的变动，从一个行业转换到另一个行业时，更具灵活性。

规定每周最长工作时间可能会成为另一项减少失业的政策。例如，法国做出了每周最多工作35小时的规定，其理由是，如果员工每周的工作时间短一些，企业就不得不雇用更多的人手，这样就可以减少失业。不过，现实情况却并非这么简单。企业可能会找到其他办法从现有员工的35个工作小时当中获取更多的价值，而不是去雇佣更多的人。一些有技能的劳动力不会轻易被替代。例如，在这项规定出台之前，一名经理可能每周工作51小时，但若聘用一名经理每周工作35小时，然后再雇用一名兼职的经理完成每周所余的那16小时的工作量，这就没有什么意义了。此外，更多规定的出台会促使企业找到绕道而行的方法。企业会将工作分包给个体经营者，而这些人并不受限于每周最长工作时间的规定。法国每周最多工作35小时的规定深受许多员工的欢迎，但是并没有强有力的证据表明，它对减少失业具有任何实质性的作用。

---

[1] 不规定确切、固定的劳动时长，劳动时间完全由雇主决定，员工需要随叫随到的劳动合同就叫作零工时合同。这种合同无法提供稳定的工作待遇保障，不利于保护劳动者权益。译者注。

第22章

繁荣与衰败

经济增长并不总是稳定的,可能会受制于繁荣与衰败交替循环的周期性规律。经济繁荣意味着一段时期内经济的快速增长、资产价格的上升及通货膨胀压力的加大。

衰败是指强劲的增长时期发生逆转,经济陷入衰退,经济产出下降,失业率上升。

经济繁荣的成因有很多。例如,如果中央银行追求宽松的货币政策——保持低利率水平并(或)增加货币供给——就能有效地增加消费者支出并促进经济增长。低利率本身可能并不会带来经济繁荣,通常还需要一些其他因素才能刺激需求上升。经济繁荣中一个非常重要的因素就是消费者信心,只要信心十足,消费者就会愿意增加借贷,进行冒险性的消费。这种信心还会溢出到企业层面,如果企业观察到消费者支出在增长,它们就会有意愿承担投资项目。投资的增长也会产生提振总需求,以及在经济体中创造更多就业机会与更多消费的成效,它可以带来乘数效应,使得最终的产出水平成倍提升。

经济繁荣的另一个特征是资产价格的上升。随着收入的增加,个人将寻求购买住房及股票等各类资产。股价与房价上涨本身就会激励人们去购买此类资产,以试图从上涨的价格中获

> 无情的经济学

繁荣与衰败

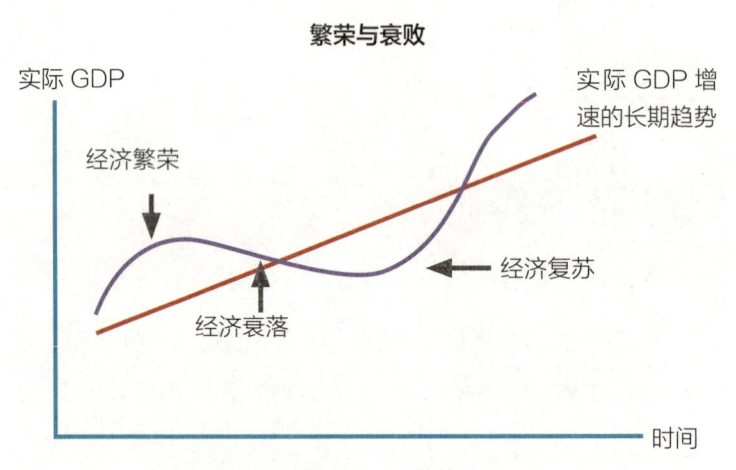

实际 GDP

经济繁荣

实际 GDP 增速的长期趋势

经济衰落

经济复苏

时间

繁荣与衰败是指经济复苏与衰落的周期性循环。

利——这可是轻而易举就能增加财富的途径。繁荣脱离经济基本面也正是从这个阶段开始的——这预示着资产价格的上涨会超出它们的长期实际价值。人们纷纷屈从于投机的热潮——有时也被称为非理性繁荣，他们想当然地认为，这是一条赚钱的捷径。价格的上涨只会鼓励更多的人入市。

历史上有许多实例都曾告诉过我们，价格泡沫终将破裂。例如，英国 19 世纪建设铁路的狂潮；20 世纪 20 年代直至 1929 年华尔街崩盘之前的股票价格飙升；近年来加密货币市场的兴衰。一个值得提出的问题是：既然过去已经有那么多的资产繁荣最终都以痛苦而告终，那么人们为什么还总是会陷入泡沫当中呢？

答案就在于人们的心理状态。我们喜欢认为自己比市场更聪明，完全有能力从牛市中获利，并能做到在价格下跌前就卖出。另外一种心理因素则是我们倾向于相信群体的智慧。如果大多数人都在购买房子与股票，而且受人尊敬的专业人士也告

1999—2017 年的美国房价走势

2000 年 1 月指数 =100

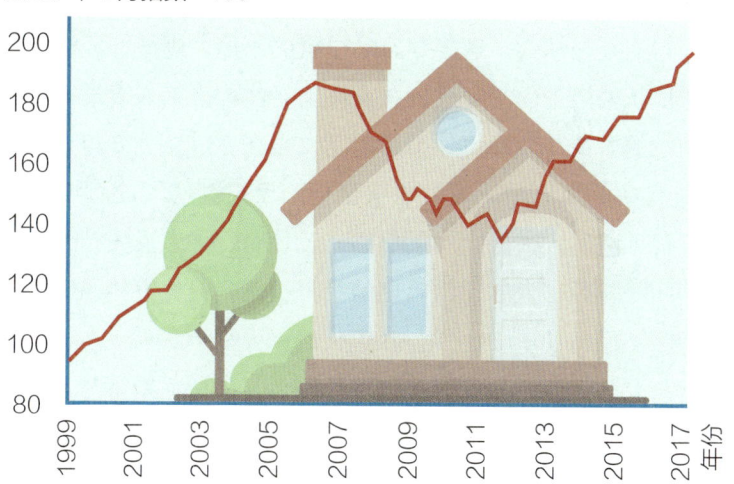

诉我们现在正是出手购买的好时机，我们就会认为，大多数人肯定是正确的，于是我们为了紧跟潮流，也要购买，这可能导致价格的上涨速度超过长期平均水平。一个典型的例子发生在 21 世纪初，当时美国、爱尔兰与西班牙的房价都在快速上涨，美国的抵押贷款公司无不热衷于趁房价飙升之际大赚一笔，于是纷纷放宽了贷款标准，以便让更多的人能够获得大额抵押贷款。抵押贷款的销售人员没有考虑到住房的长期公允价值，他们的动机就是尽可能多地出售抵押贷款，即使房主确实负担不起也不管不顾。各个银行也都乐于放贷，因为它们已陷入了非理性繁荣的幻象之中，认为价格还将持续上涨。结果就是当时的住房价格在蒸蒸日上，而这也的确促进了经济增长。

然而，在某个时点上，繁荣与泡沫都会终结。价格的上涨终究是不可持续的，2006 年利率的小幅上升就使美国的房主难以支付抵押贷款，抵押贷款的违约率开始上升，随后房价便开始下跌。而一旦房价开始下跌，引发经济繁荣的所有因素就会逆转。消费者失去了信心，开始停止消费；银行不再愿意放贷，因为它们正在赔钱，这便导致了投资的下降。因此，经济相当快速地从繁荣走向了衰败，失业率上升，经济陷入衰退。最有影响力的繁荣与衰败事件很可能是发生在 20 世纪 20 年代末至 30 年代初的那一个，彼时股票价格一度被高估了，而当 1929 年股价下跌时，人们丧失了信心，致使财富大量流失。允许银行倒闭等随后出台的非常糟糕的经济决策，促使整体经济迅速下行，从而引发了 20 世纪 30 年代的深度衰退。

只要有可能，各国的中央银行都会尽力避免繁荣与衰败经济周期的出现，因为这种周期会带来极大的不稳定性及附加的损害。理论上，在经济繁荣变得失控时，中央银行就会提高利率，减缓经济增长以使其更为可控。然而，这种操作并不容易。21 世纪初，美国的通货膨胀率事实上是相当低的，貌似当时并没有出现什么真正的经济繁荣，迅猛上升的只是抵押贷款的放贷量与房价，而这通常并不是中央银行监控的目标。这就是当时局面走向失控的原因所在。

自全球金融危机以来，随着世界经济放缓，几乎没有出现经济繁荣的迹象。新冠疫情结束后，鉴于宽松的财政政策的实施，美国经历了一段短暂的经济繁荣，而这也助长了通货膨胀的抬头，但这一通货膨胀是相对温和的，主要是由一些推升成本造成的。

第23章

政府借贷

当政府的支出超过其税收收入时,它就需要从私人部门借款以弥补这个缺口。它可以通过出售政府债券来做到这一点。

债券通常由银行、养老基金及私人投资者购买,因为债券提供的是一种安全的投资,其年利息的支付是有保证的。每年,各国政府要么出现预算赤字,要么(更为罕见)出现预算盈余。年度赤字将增加一国的总债务,即一国政府借贷的总额。

政府借贷的理由

对于任何一国政府来说,其通常都有增加借贷的政治动机,因为借来的款项可以资助公共服务方面更高的支出并(或)降低税收,而更高的支出或更低的税收往往有利于获得选民的投票。从政治角度来说,减少政府借贷往往不是那么受欢迎的。但是,撇开政治不谈,政府借贷也有其经济方面的理由。一个是,政府可以通过借款来为公共投资及公共物品的支出提供资金,而这些是自由市场提供不了的。例如,更多地投资于公共交通可以提高生产率,消除瓶颈,而自由市场对此的供给是不足的。长期来看,通过借贷为此类投资提供资金可以使经济实现更高速的增长,从而提高税收收入。

无情的经济学

美国的政府借贷

联邦盈余或赤字占 GDP 的百分比（%）

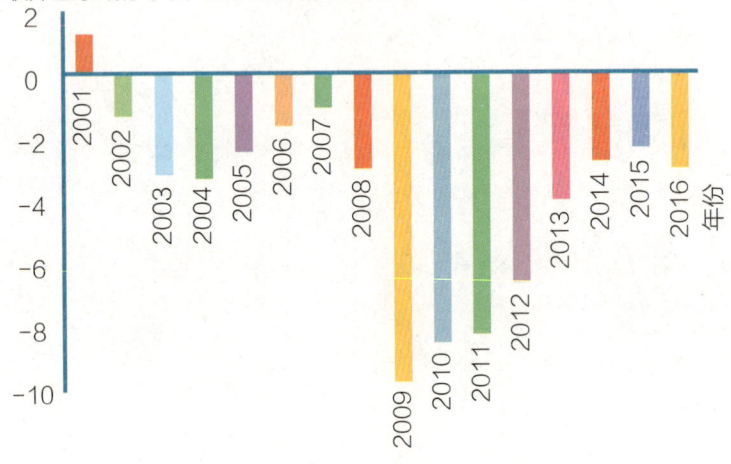

在 2008—2009 年的经济衰退期间，借贷有所增加。

增加政府借贷的另一个合理时机是在经济衰退时期，即当私人部门的支出下降，致使产出降低且失业率攀升之时。通过提高借款额度，政府得以为公共支出提供资金，这有助于限制总需求的下降，从而使经济能够从衰退中更快地复苏。

对于政府过度借贷，尽管经济学家们往往会比其他人表现得更为镇定，但我们还是有所担忧的。如果政府借贷的额度增幅过大，可能会加大利率上行的压力，因为政府需要吸引更多的投资者来购买其债券。随着利率的上升，政府就得在债务利息的支付上增加支出，从而就顾不上其他公共支出领域的开销了。全球金融危机之后，2009—2021 年政府借贷的增加倒是并未导致利率的上升，事实上，直到 2021 年，利率水平都在降低，因为私人部门购买政府债券的需求一直都很强劲。这表明，政府借贷的增加有时并不会导致债息支付增多，对政府来说，这就是在经济增长低迷且利率处于低位的时期，其增加借贷相对划算的原因。

然而，不能保证不断增加的政府借贷总是会导致低利率。在经济周期的其他时点，借贷的增加可能会带来问题。例如，20世纪70年代的通货膨胀与政府借贷的高企就确实与利息支付的增长同时发生了，当时陷入困境的英国不得不向国际货币基金组织借款。在写作本书的2022年，利率水平开始上升，这出乎意料地导致了欧洲各国政府借贷成本的急剧增长。

政府能借多少钱

这个问题并没有一个简单的答案。2022年，日本的国债占其GDP的比重已经达到了惊人的数字：240%，而且近二三十年以来，这一比值一直都很高，不过日本的利率水平却一直较低，使得多年来人们对日本的债务少有忧虑。这是因为，日本的人口已经老龄化，其储蓄率很高，而90%的债务都是由日本国民自己购买的。然而2008年，希腊的国债只占其GDP的150%，却已然造成了一场严重的危机。部分原因在于，希腊处在欧元区之内，希腊的债务都是由非希腊国民持有的。由于担心政府为债务进行融资的能力（而且没有独立的货币政策），投资者纷纷出售债券，导致了希腊债券收益率的飙升。这为希腊带来了一段痛苦的苦行式紧缩期（削减政府支出），而这种紧缩引发了深度的经济衰退。就希腊的情况而言，高企的政府借贷是无法持续的，再加上其身处欧元区的限制，两者共同酿成了严重的危机。这就是欧盟试图对欧元区国家政府的借贷设定上限的原因。

受到第二次世界大战期间战时政策的影响，20世纪50年代英国国债占其GDP的比重升至了240%，英国一度濒临破产，

无情的经济学

2010 年针对希腊债务危机的抗议活动。

但是在美国提供的一笔巨额贷款的帮助下,英国实施了对公共住房的投资,并建立了国民医疗服务体系。20 世纪五六十年代是(英国)经济日益繁荣并强劲增长的一段时期,这一持久的经济增长使英国国债占其 GDP 的比重从 1950 年的 240% 降至 1998 年的 38%。然而,其中的秘诀应归功于战后时期经济增长的强劲。倘若我们正进入一段经济增长低迷的时期,那么债务占 GDP 的比重就会很容易地上升。2022 年,受到新冠疫情的影响,英国的债务占其 GDP 的比重自 20 世纪 60 年代后首次超过了 100%。

国债与家庭预算一样吗

一些政客认为,一国政府就像一个家庭一样,不应该入不敷出。收入应当与支出对等,并且借债对子孙后代也是不负责任的行为。而经济学家保罗·克鲁格曼却认为,这是一

第23章 政府借贷

个错误的类比,因为政府与家庭并不类似。当一国政府在国内进行借贷时,该国本质上是在向自己借款。也许富有的储户在银行账户中正存着多余的钱,当政府加大支出并发售债券时,这些富有的储户就可以购买债券,而这笔资金日后就能被运用到更有利于生产发展的领域,比方说,对优质教育

保罗·克鲁格曼。

进行投资。在这种情况下,政府更像是一个拥有一位财力雄厚的叔叔的家庭。你从叔叔那里借钱,以便能够负担得起上大学的费用,但是你整个家族的净财富却并没有发生变化,财富只是从富有的叔叔那里转移到了你这个穷学生手中。一个关键因素是,如果国内储蓄率很高,并且还有未被使用的资源,那么政府借贷就有助于把这些资源投入到更有生产效率的领域并加以利用。不过,如果你家没有这么一位有钱的叔叔,或者你家没有什么储蓄,那么借贷的增加可能就会排挤私人部门。如果在私人部门想要投资私营企业时,政府却在进行借贷,那么这就是一个问题了,因为政府支出越高,私人支出就会越低,并且利率水平还很可能会因政府借贷而上升。

第24章

公共物品

公共物品是指惠及全社会的一种特殊类型的商品或服务,并且一旦提供,它就可以免费让所有人都受益。

在经济学中,我们认为公共物品具有两个特殊的特征——非排他性与非竞争性。非排他性意味着,一旦你提供了该物品,你就不能阻止任何人使用它(即使他们不付钱)。例如,如果你提供了街道照明设备,那么灯光就会为每个人照亮。这不像

各家公共图书馆都可以算作公共物品,因为它们提供的服务都是面向社会全员的。但并不能说它们是一种纯粹的公共物品,因为如果有人借走了一本书,而你也想读这本书的话,就不得不需要等到借书人还书之后才可以借阅。

第 24 章 公共物品

警察队伍就是公共物品的一个例子。

奈飞在售的节目,人们只有付费才能访问。非竞争性则意味着,当你消费公共物品时,可供他人消费的该物品的数量并不会因为你的消费而有所减少。而如果你提供 100 个免费的苹果,随着苹果逐渐被人吃掉,可以被其他人享用的苹果的数量就会不断减少——这就不是公共物品。但是,如果有一座公园,你绕着园区散步,那么这个公园对其他人而言仍然是开放的,你对公园的消费并不影响它作为公共物品的性质。

公共物品的例子

公共物品的典型例子,就是一座国家公园或者一处自然风光绝美的区域。如果政府建造了一座国家公园并进行维护,那么国内的所有人都可以来享受它的美景,你不能阻止任何人前来游玩。不过如果钻牛角尖的话,国家公园也可能算不上是一种纯粹的公共物品——因为如果数百万人都前往游览这座公

无情的经济学

园,就可能会造成一定程度上的拥挤,可能会让公园设施受到损坏,而这就意味着它具有一定程度的竞争性与排他性。但如果游客数量适中,它的基本特征倒是十分接近公共物品的。纯粹的公共物品,如国防力量、防洪工程、司法系统以及道路照明,都是比较经典的例子。值得一提的是,公共物品并不一定限定在一件商品上,它也可以是常常会捡拾垃圾和关照当地社区的一种态度。如果每个人都能做到经常捡拾垃圾并保持自己所在的街区清洁,那么在附近居住的所有人就都能从中受益。这种做法也会鼓励其他人照此行事。

搭便车问题

公共物品涉及的一个重要问题就是所谓的搭便车问题,自

约塞米蒂国家公园[1]:国家公园是一种公共物品,因为任何人都可以享受它的美景,也不会阻碍其他人一同享受。

---

1 该公园位于美国加利福尼亚州,又常被译为优胜美地国家公园。译者注。

由市场中不可能会有公共物品的供给。在你可以不付钱就享用一件商品时,搭便车问题就发生了,于是任何人都不会有为它付钱的动机——因此也就没有企业会产生提供这件商品的动机。例如,一个富裕阶层居住的社区也许能够合作,以便为他们的私有财产提供私人警察,但是就一个国家的警力而言,会有哪家私有企业愿意为整个国家提供法律与维持秩序的服务呢?这是没有利润激励的:尽管大多数公民会从法律与秩序中受益,但要让每个人都为此付出代价,则太难了。

安德鲁·卡内基。

这就是绝大多数公共物品都不会由私人市场,而是由政府来提供,并从普通税收中支付其费用的原因。强制性的普通税收可以被视为让纳税人为公共物品付费的一种方式,这些公共物品是纳税人在纯粹的自由市场里无法获得的。

并非所有的公共物品都必须留给政府来供给。19世纪末,安德鲁·卡内基等财力雄厚的实业家在美国各地资助建设了许多图书馆和博物馆。公共图书馆本质上是公共物品,因为任何人都有权参观、阅读并借出书籍,但它又不是纯粹的公共物品,因为有时你不得不需要等待一段时间才能读到一本畅销书,但从原则上来讲,它确实是一项惠及社会全员的服务。

新型公共物品

免费提供的 Wi-Fi 是近年来的服务中可以被视为公共物品

的一个例子。互联网服务本来是由自由市场提供的,因为互联网公司可以将访问权限定在那些已付费并获得了口令的消费者身上。然而,政府或者慈善家却可以决定向每个人免费提供互联网服务,不收取任何费用。如果接入 Wi-Fi 普遍都是免费的,那么它就成了一种公共物品,因为居住在周围的所有的人都可以接入网络,却不会妨碍其他人也联网。相比每个人都直接购买 Wi-Fi 服务,面向整个城镇免费提供 Wi-Fi 的效率更高。将来,各国政府与地方议会可能都会认为,基于普通税收而提供这种公共 Wi-Fi 服务是他们的职责。

环境

也许,最重要的公共物品就是环境。如果我们保护好环境,所有人将会从中受益——不仅包括地球上现在所有的人,还包括我们的子孙后代。如果环境遭受破坏,我们会承受痛苦,而如果为了子孙后代的利益而使环境得到了保护,我们也会受益良多。但是,在成就最佳环境的道路上,我们确实处境艰难,原因之一恰恰在于环境也是一种公共物品,没有哪个人独自拥有水与空气的所有权,所以,在缺乏集体观念的情况下,环境很容易被人们视为理所当然的存在。

没有政府参与的公共物品

在现代资本主义社会中,存在着非常显著的搭便车现象。我们并不为公共物品做贡献,是因为我们往往只从个人利益与个人成本的角度来进行思考。(至少,这是人们传统上的经济观念。)然而,人类学家与社会学家指出,相对而言,在许多社团里,为公共利益做贡献的理念都较为深刻地根植于这类社会组织。例如，如果存在一处共有的自然资源区域，利己主义者就会对共享资源进行过度占用（如发生在北海海域的过度捕捞）。然而，诺贝尔经济学奖获得者埃莉诺·奥斯特罗姆却发现，在一些当地的社区中，人们在管理这类共有区域方面的效率还是很高的，因为我们都试图得到同伴的认可，并且

埃莉诺·奥斯特罗姆。

也都明白，为了长期福祉，以集体主义的方式为人处世是非常重要的。有了这种精神，社区完全有可能在没有外部的政府干预的情况下提供一系列公共物品。

对经济学存在一种批评观点，认为它做出了人人都是搭便车者这样的一种假定，但是在现实中，我们却可以拥有思量更广泛目标的能力，而非只考虑我们自己的欲望与需求。在适当的环境下，我们可以为公共物品作出贡献，这就证明，在没有政府干预的情况下，公共物品也是可以被提供出来的。

第25章

私有化

私有化是指向私人部门出售国有资产的过程。

赞同私有化的主要论点是，私人部门在运用资源方面更加高效，因为它们具有国有部门所不具有的利润动机。然而，由于资产会从国有转移到少数富人股东手中，私有化也可能引起很大的争议。

私有化的核心问题是意识形态方面的争论，即何为管理经济的最佳方式，是应该让政府来代表国家利益发挥作用，还是应该让私人部门去寻求利润与效率之最呢？

为什么要国有化

在20世纪，很多西方国家的政府纷纷开始对水务、天然气、电力及公共交通等关键的公共行业实施国有化，其逻辑是，这些行业都是"自然垄断"行业，换言之，能使这些行业效率最高的企业数目都是一。在拥有全国铁路网的情况下，只存在一家国有企业就是最为高效的——而非相互竞争的轨道及基础设施并存。私人垄断企业会收取高价，因为旅客们几乎找不到能与之形成竞争的其他选择。此外，私营企业还可能会忽视投资助农服务所产生的社会效益，因为那并不赚钱。这就是各国都将许多重要的公共事业纳入公有制背后的原因——为了确保它们的运营合乎公共利益，不受制于自由市场的随心所欲。

私有化的理由

尽管私有化存在着上述弊端，在 20 世纪 80 年代，英国与美国的政府却都认定，对国有行业实施私有化改革的时机已经成熟。当时，其大型国有企业显现出效率低下、停滞不前的态势。当这些行业为政府所有时，可能会拿不出用于投资的资金，因为总存在着在政治意义上更为重要的优先事项，如减税。在私人部门，管理人员可以自由做出风险更大的决策，并筹集外部资金来促进企业的扩张。而在国有部门，企业对市场压力的反应可能并不灵敏，因为它们应答的对象是政客，而非市场力量。例如，当英国电信掌握在政府手中时，人们可能付不起电话费，选择安装新的固定电话也要受到限制。私有化之后，这家公司就不得不适应快速变化的市场需求，为消费者提供更多的选择，以及开发新技术。在没有政府监管的情况下，它便拥有了更大的经营自由。

私有化的逻辑在于可以提高效率，从而以降低价格的形式让消费者受益。举个例子，在英国电信被私有化之后，实际通话费用在 1984—1999 年减少了约 48%，价格降幅非常显著——尽管我们并不能说私有化是造成这一结果的全部因

伦敦的英国电信塔。

素，价格的下降还得益于技术的改进，这使得世界各地打电话的费用都减少了。此外，在降低价格方面，也有一些其他行业的私有化运营远远算不上成功，因为新出现的私营企业已经能够运用其市场力量来提高价格及利润了。

　　私有化的另一个重要意义在于，它给政府提供了在短期内改善财务状况的机会。在私有化的高峰期，英国政府每年筹集的资金高达 70 亿英镑，相当于其基本所得税总额的 3%。入库税收也因私有化而得以提高。但是在销售上，那些盈利行业的企业就将主要与其富有的股东们分享利润了。例如，随着石油价格上涨，以前国有的石油和天然气公司的利润都获得了显著提升，但普通消费者可就无法分享价格上涨带来的任何好处了。然而，私有化的支持者对此则反驳称，私有化进程本身常常能使国有行业的企业扭亏为盈，所以相比以前拥有直接所有权，如今政府可以从企业所得税中获取更多的收入。

　　不同行业的私有化进程是大相径庭的。例如，那些面临有效竞争的行业会被迫维持一个较低的价格水平。在英国，私有

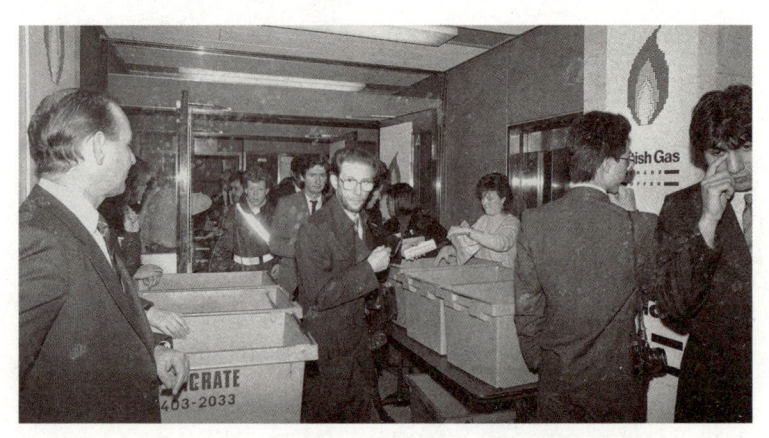

1986 年，人们在英国天然气公司私有化期间购买其股票。

化通常都伴随着放松管制的过程，在此过程中，进入壁垒被消除了，过去的垄断市场允许更多竞争者进入了。

私有化的主要益处往往来源于与其同步进行的放松管制的过程，这个过程相应地创造了更多的竞争。例如，20世纪70年代末至80年代，美国对航空业的放松管制非常有效地降低了美国航空旅行的价格。在无法实施放松管制从而未能引入更多竞争者的那些行业里，私有化则远非那么成功。例如，铁路运输行业的私有化就从未产生过实质意义上的竞争。

在很大程度上，私有化的成败取决于行业的性质。虽然钢铁、电力与电信等行业在私有化以后，其利润动机是可以接受的，但是对于医疗与教育等行业来说，其利润动机却是存在争议的。医疗保健行业的利润动机会提高社会福利吗？有些人认为，私人部门的自治性与利润动机能够带来更好的医疗保健服务及更低的治疗费用。而另一些人则认为，医疗保健是一项公共服务，利润动机并不重要。在医疗保健领域，私有化可以节约成本，这要归功于有益的预防措施，而这些措施无法用利润结果来衡量。

对私有化企业的监管

私有化成功背后的另一个关键因素，是对新生的私有化行业进行监管的程度。如果私有化造成了私人垄断，那么在价格设定与公共服务标准的制定等问题上，就需要对其进行监管。对私有化行业进行监管的问题是，这种私有化成了有限的私有化，因为这相当于把政府的完全控制权转换成了一种有限的政府干预。私有化的关键决定因素是监管主体的质量。监管机构可能会受制于规制俘获现象，即其对自身所监管的企业过于友

	私有化	国有化
所有权	企业由私人部门所有	企业由政府所有并进行管理
激励机制	利润动机作为对所有者与管理者的激励机制发挥着作用	只要员工对公司有主人翁意识，他们就会感到被激励
外部性	私营企业对外部成本（如污染）与外部收益可能不会关注	政府能够做到将社会福利置于利润动机之上
效率	具有引入新技术及提高劳动生产率的动力	国有企业很难解雇冗余的职工
知识	私营企业会雇用技能最强的经理人	政客可能会基于政治动机对企业管理人员的任免进行干预
自然垄断	私人垄断企业可能会收取高价	政府在设定价格时能够考虑到各种社会因素

好，允许其抬高定价及提高利润。另外，企业还会抱怨监管机构过于严苛，不允许足够的价格涨幅出现，进而使它们不能对该行业进行长期投资。

  目前并不存在衡量私有化成功与否的直接标准。关于私有化在降低价格、提高生产率及增加利润方面的成效这一问题，目前大量实例能够提供的答案都是相互矛盾的。但是这一问题确实凸显了重要的意识形态分歧，认为经济运行最好是交给自由市场的人是分歧的一方，而更希望各行各业都能基于公共利益去运营的人则是分歧的另一方。

第 26 章

债券市场

据估计，2021 年全球债券市场的规模约为 119 万亿美元。债券是一种债务形式，其发行对象是那些为了得到发行人偿付的年利息而购买债券的人。

规模最大的债券形式就是被用来为公共部门进行债务融资的政府债券。此外，还有为了企业而建立的债券市场（公司债券），以及为了与抵押贷款相关的债务而建立的债券市场。债券市场包括一级市场与二级市场，在一级市场上，个人可以直接从债券的发行者那里购买债券，而在二级市场上，债券可以在到期前进行买卖。

债券价格与利率

一种典型的政府债券可能会以 1000 美元的价格及 5% 的年利率发行，期限为 30 年。这意味着，在未来的 30 年里，债券的购买者每年都将获得 50 美元的收益。而在债券期限结束时，他们将拿回 1000 美元的足额本金。对政府来说，发

1981 年发行的美国政府债券。

售债券的方式体现了入不敷出。而对于购买债券的个人与养老基金来说，发行政府债券让其既能得到年度利息偿付，又能获得一种安全的储蓄方式。

二级市场是指可以让买家与卖家交易这些债券的场所。债券价格与其有效利率（称为收益率）之间成反比关系波动。假设人们对购买政府债券的需求很大，因为这类债券被视为一种很有吸引力的投资选择，在这种情况下，需求的提升会导致债券的市场价格上涨至 1200 美元。然而，随着价格的提高，债券的收益率就会下降。投资者每年有权获得的收益仍然是 50 美元（初始投资额的 5%），但若按此收益占 1200 美元的比例计算，收益率就已跌至 4.16% 了，而如果债券价格升至 2000 美元，收益率就会进一步跌至 2.5% 的水平。

同样道理，如果投资者预期利率会上升，那么收益率为 5% 的债券对他们的吸引力就会降低，因为他们可以通过其他投资渠道获得更好的回报率。在这种情况下，这些债券的价格就会随着人们的抛售而下降。随着债券价格的下跌，其收益率就会上升。如果价格跌至 500 美元，那么收益率就会升至 10%。

这就是债券价格上升时其收益率会下降的原因。反之，当债券价格下降时，其收益率则会上升。

债券收益率曲线

可供人们购买的债券有着各种不同的类型。债券可以被划分为短期债券（如 3 个月期或 1 年期）及长期债券（如 30 年期）。这种划分的重要意义在于，长期债券的收益率可以显示出市场对未来通货膨胀的预期。如果市场预期将来的通货膨胀会持续高企，货币的价值会下降，那么投资者对长期债券收益率的要求就会提高，以期弥补未来通货膨胀的影响。而如果市场预期将来会发生通货紧缩，货币的价值会更高，则长期债券的收益率就会相应下降。当长期债券的收益率低于短期债券时，就会出现收益率曲线走势的逆转，这表明了市场对日后经济增长放缓及通货紧缩的预期。尽管上述机制并非万无一失，投资者也可能会误判，但是债券市场已经多次正确预测到了经济形势的恶化。

政府债券

最重要的债券市场就是政府债券市场（主权债券）。对于美国、英国或德国等发达经济体来说，其政府债券被视为一种非常安全的投资，因为这些国家的政府从未违约过。然而，那些有着债务违约史的经济体就可能需要用更高的债券收益率吸引到足够的投资者。自1824年以来，阿根廷已出现了五次债务违约，所以阿根廷国债的收益率就会更高，以规避债券持有者因通货膨胀或政府违约而受损的更大风险。2022年，阿根廷国债的收益率达到了49%，而相比之下，日本与英国国债的收益率则分别仅为0.2%与4%。

如果一个国家通过向海外投资者出售债券来融资，那么其债务违约的风险就会更大。在20世纪80年代初，许多不发达国家吸引到了富裕国家的流入资金，这使它们得以借到更多的钱，售出政府债券。然而，当流入资金趋于枯竭，而西方国家的银行又都期望其债权得到偿还时，这些发展中的经济体却无法支付债务利息并偿还债务，这就导致了违约及第三世界国家债务的攀升。

2012年曾发生过一个债券市场的有趣事例，当时欧元区

无情的经济学

的几个国家发现了其债券市场存在的问题，察觉到了债券收益率在上升。而在2009—2010年的经济衰退期间，包括希腊、爱尔兰与意大利在内的一些国家，预算赤字已经有所抬头，这就增加了这些国家难以偿还债务的可能性，于是市场中的投资者开始寻求从这些国家的债券市场中脱身。一旦需求有所下降，债券的收益率就会上升，这表明了债券市场正在承受压力。其问题在于，欧元区内的国家都没有本国的货币，因此这些国家的中央银行都无法通过印钞来解决流动性问题，也就无法安抚市场情绪。

英国（实际上有着更高的财政赤字）的债券收益率却始终位于较低的水平。这里的不同之处就在于，英国不处在欧元区之内，这意味着英国保留了货币政策的独立性，可以增加货币供给以支撑债券的购买。这就是一个拥有本币的国家总能通过印钞来避免债务违约的原因。这种做法唯一的弊端就是，过度

欧盟国家债券的收益率

长期债券收益率（10年期，%）

图例：德国、爱尔兰、西班牙、法国、意大利、英国

部分欧洲国家的债券收益率在2012—2013年有所上升。

印钞会导致通货膨胀，从而会间接降低债券的价值。通货膨胀会降低债券的价值，如果投资者购买了收益率为 5% 的债券，预期通货膨胀率为 2%，那么他们可以得到的实际回报率就只有 3%。但是，如果通货膨胀率最终达到了 9%，而债券收益率仍然仅为 5%，那么投资者的实际回报率就变成 -4% 了。因此，通货膨胀会导致部分违约发生，并使投资者对未来购买债券持谨慎态度。

第27章

汇率

汇率衡量的是一种货币相对于另一种货币的价值。

例如，2022年3月，1英镑的价值为1.31美元。而若退回到1900年，1英镑则能换得4.5美元。这表明，在过去的100多年里，美国经济的表现要优于英国，从而使得美元的价值相对而言提高了，并且美国在投资方面的吸引力也更强了。

汇率的决定

货币价值的决定方式类似于其他所有商品——按基本的供求关系。如果人们对美元的需求上升，那么美元相对于其他货币来说就会升值。对货币的需求取决于几个因素，从长期来看，一个重要的因素是相对通货膨胀率。假设日本的通货膨胀率是

不同币种之间的汇率是由供给与需求决定的。

0，而印度是 5%，这就意味着，印度商品价格的增速比日本商品要快。随着印度商品的价格变得更高，消费者进口的印度商品就会相对减少，而进口的日本商品则会相对增多。这就会导致人们对日元的需求增加，而对印度卢比的需求下降。也就是说，相对于印度卢比而言，日元会升值。

从短期来看，汇率水平会受到利率的影响。假设印度储备银行，即印度的中央银行担心卢比的价值会降低，它可能会提高利率，使得在印度银行储蓄这件事变得更有吸引力。如果印度的利率水平提升到了 10%，而日本的利率却只是 0，那么各金融机构就会有强烈的动机把钱存入印度银行，以从其高利率中获益。对于规模高达数十亿美元的养老基金来说，即使是利率水平的微小变动，也可能意味着将资金从一个国家转移到另一个国家是值得的。

然而，重要的不仅是利率。如果投资者对一个经济体没有信心，那么即使其利率水平很高，也仍然不具有吸引力。例如，2022 年 9 月，阿根廷把利率提升到了 75%——一个非常高的收益率水平，但是投资者却照旧因其极高的通货膨胀率与多次政府违约史而不为所动。另一件需要记住的事情是，投资者总是力图做到比市场领先一步采取行动，投资者并不会傻傻等待利率的上升。如果人们认为美国的利率将来有望上升，就会有预见性地买入美元——期盼日后美元升值时从中获利。因此，汇率的日常变动可能并不总是合乎逻辑的，而人们对一国经济增长、政局稳定、通货膨胀及利率的预期却可能决定其走势。

汇率下跌的影响

如果一个经济体的货币汇率下降（市场力量致使其贬值或

出现了法定贬值），那么这对该经济体产生的影响既有积极的一面，也有消极的一面。一般来说，消费者会因进口商品价格的上涨而遭受损失，但是该经济体出口商的竞争力却会得到提升。假设英镑兑换欧元的汇率是 1 英镑 =1.3 欧元。那么要想从欧洲购买一辆售价为 1.3 万欧元的汽车，一名英国公民就得花费 1 万英镑。然而，如果英镑的价值降低了，比方说，降至 1 英镑 =1 欧元的水平，那么要想买到价格为 1.3 万欧元的同款汽车，就得花费 1.3 万英镑了。虽然以欧元计的价格并没有发生变动，但是对于英国消费者来说，进口这款车的成本却提高了 30%。

货币的大幅贬值可能会引发成本推动型通货膨胀，对那些大部分食品、商品及原材料都需要依赖进口的经济体来说，尤其如此。这也正是那种能使人们的境况变得更糟的通货膨胀类型。如果汇率下降了 30%，而人们的薪水却没变，那么人们收入的购买力就会出现显著下降。

从积极的一面来看，出口商会发现它们的商品变得更有吸引力了。假设一家英国企业以 5000 英镑的价格出售一款自行车，在过去，这会让欧洲的消费者花掉 6500 欧元，但是，在英镑的价值降低以后，欧洲人若再想购买这款自行车，则只需花 5000 欧元就可以了。这就会带来出口需求的增加，促进英国经济的增长，并改善英国的贸易收支。

一个很好的问题是，货币贬值就一定会有助于经济发展吗？我们并不能轻易地妄断。在大萧条时期，许多经济体都面临经济负增长、高失业率以及通货紧缩的难题，在这种状况下，那些主动让本币贬值的国家都经历了经济增长的回暖与出口的提升，而其通货膨胀率却只是轻微地抬了头。因此，在经济低

英镑相对于德国马克的价值

英镑 / 德国马克

图中标注：
- 英国以 1 英镑 =2.95 德国马克的汇率水平加入了欧洲汇率机制
- 英国在"黑色星期三"被迫退出了欧洲汇率机制

迷及汇率高估的情形下,货币贬值确实可以助益经济复苏及失业率下降。

然而,如果在通货膨胀已经构成问题的情况下,货币又快速地贬值,就会加剧通货膨胀,使其达到一个难以解决的高度,人们的生活水准会因此而降低,消费者的境况也会变得更坏。从长期来看,那些在通货膨胀率较高的时期经历了货币持续贬值的国家,往往都会遭遇经济增长放缓的局面。例如,阿根廷、俄罗斯及巴西等发展中经济体就曾承受过本币的持久贬值所带来的负面影响。

浮动汇率与固定汇率

一般来说,像英国、美国与日本这样的国家并不会把特定的汇率水平设定为目标,它们追求的是浮动汇率,即货币的价值由市场力量来决定。20世纪90年代初,英国加入了欧洲汇率机制——欧元的前身,其目的是保持英镑相对于德国马克的价值不变,但是英国当时的通货膨胀率很高,市场力量倾向于卖出英镑。英国政府试图通过出售外汇储备来购进英镑,以维持英镑的价值不变，并将利率也维持在很高的水平。但是这样的政策并未奏效，高利率引发了英国经济的深度衰退，并且使英国的外汇储备也开始慢慢枯竭。1992年，英国政府被迫退出了欧洲汇率机制，并降低了英镑的币值。

相比之下，在锚定汇率方面，中国则是做得更为成功的。由于出口产业很成功，中国拥有庞大数额的贸易盈余。按道理说，这种情况应该会使人民币升值——但人民币若升值就会导致中国出口商品的竞争力下降。为了保持币值的低估，中国的国有银行积极购买外国资产（抛售人民币以买入外国资产及货币）。中国还实施了资本管控政策，以限制可能被带出国门的货币金额。鉴于中国经济的规模，中国的人民币正变得越来越重要。

第28章

国际收支

国际收支记录着一个国家与世界其他各国之间的国际经济往来。它既包括政府部门的交易,也包括私人部门的交易。

国际收支主要由两部分组成——经常账户与资本账户(也称为金融账户)。由于经常账户记录了商品与服务的净流动状况,所以它受到的关注更多。经常账户赤字意味着一国进口的商品与服务多于出口。

如果一个国家存在着经常账户赤字,那么只要是在浮动汇率制下,它的金融或资本账户就肯定处于顺差状态。这两个组成部分必须平衡,因为一个想要为净进口筹措资金的国家,就必然需要外汇的流入。

国际收支必须平衡的原因

假设美国由于是制成品的净进口国,因而对中国存在着经常账户赤字。这就意味着,作为出口商品的回报,中国会获得规模庞大的外汇支付款项。中国获得了这么多的外汇款项,就会想要利用这些盈余的外汇来做点什么,所以就可能购买美国国债,或者投资美国的资产。因此,为了购买进口商品,比方说,美国支付了 1000 亿美元,但是到头来,中国又花了

1000亿美元去购买美国的金融或实体资产。而如果中国停止购买美元外汇资产，又会发生什么呢？美元就会贬值，因为美元的供给超过了人们对美元的需求。随着美元贬值，美国的商品价格相对而言就会变得更便宜，而来自中国的进口商品价格相对而言则会变得更贵。美元会一直贬值，直至美国对中国的经常账户赤字被消除，这就是中国常常乐于购买美元资产的原因。这种做法使中国获得了对美国的金融影响力，但更重要的是，它还有助于维持中国出口商品的竞争力，而这种竞争力则是中国经济增长的一个重要源泉。

经常账户赤字是问题吗

人们通常认为经常账户赤字是一个不好的信号，或者对经济是有害的。它表明这个国家缺乏竞争力，并且处于入不敷出的状态——依赖于外国进口。而且，经常账户赤字还意味着外国人对本国资产所拥有的权利将会增大。例如，自20世纪80

国际收支平衡

经常账户赤字由金融账户的顺差来平衡

金融账户
直接投资（FDI）
有价证券投资
（债券、储蓄、股票）
+1000亿美元（盈余）

经常账户
商品贸易
服务贸易
投资收益
转移支付
-1000亿美元（赤字）

这个国家正利用资本的流入来为其进口消费与投资活动提供资金

第 28 章　国际收支

1997 年亚洲金融危机。

年代以来，英国的经常账户就一直处于赤字状态，于是通过吸引资本的流入来弥补这一逆差，例如，让外国人来购买英国的房产与企业。一国经常账户的巨额赤字会带来另一个重要问题，即可能很容易受到本币贬值的影响。如果一国的经常账户存在赤字，而随后资金流入又面临枯竭，那么其货币汇率就会下降，从而导致人们对本币进一步丧失信心，该国进口商品价格出现上涨。对于那些更易受到资本外逃影响的新兴经济体来说，这尤其构成一个问题。如果投资者对一个国家失去了信心，那么该国货币的汇率就会下降。国际收支问题正是 1997 年亚洲金融危机背后的一个因素，当时遭遇危机的国家就出现了资本外逃以及幅度超过 25% 的货币贬值。

不要因赤字而恐慌

在很多情况下，一国的经常账户却可以长期处于赤字状态而又不会造成任何不良的影响，而且事实上，这种逆差状态可以使该国居民的生活水平得以提高，因为他们能够消费更多的商品。2022年初，针对俄罗斯的制裁措施开始实施以后，俄罗斯的经常账户收支反而有所改善，其原因就在于，俄罗斯仍旧在（以高价）出口天然气与石油，但制裁措施却严重限制了俄罗斯进口消费品的能力。制裁甚至导致俄罗斯卢布相对升值，因为俄罗斯人并未卖出卢布来购买外国商品。然而，尽管俄罗斯的经常账户存在着大量顺差，可是人们的生活水平却的确下降了，因为各种商品的可得性都显著降低了。这就说明，我们并不能用经常账户的差额来衡量一个经济体的成败。与俄罗斯的情况相反，美国的经常账户常常保持赤字，这一事实则意味着相较于依赖国内生产、贸易逆差必须保持平衡的状态，赤字状态下的美国居民可以消费得更加欢畅。

此外，有助于弥补经常账户赤字的资本流入也有利于国内经济。例如，外资的流入可以帮助一国建设新工厂，探寻新能源，从而助力该国的经济增长。美国的经常账户虽然常常呈现赤字状态，但是随着外国人购买美国的债务及证券，美国却一直从资本流入中获取着收益。这意味着美国的部分债务是由外资的流入来支撑的——这使得美国政府借贷的成本更低。另外，资本流入也并不总是对经济有利的，如果一个新兴国家为了支付进口订单而借债，这似乎是不可持续的，并且会导致其将来出现更大的债务问题，这就是爆发于20世纪80年代的第三世界国家债务危机背后的一个关键因素。发展中的经济体以举债来支撑经常账户赤字——使商品与零部件的进口得以增长，可是一旦利率上升，它们最终就会欠下大笔债务。

第28章 国际收支

美国的经常账户赤字

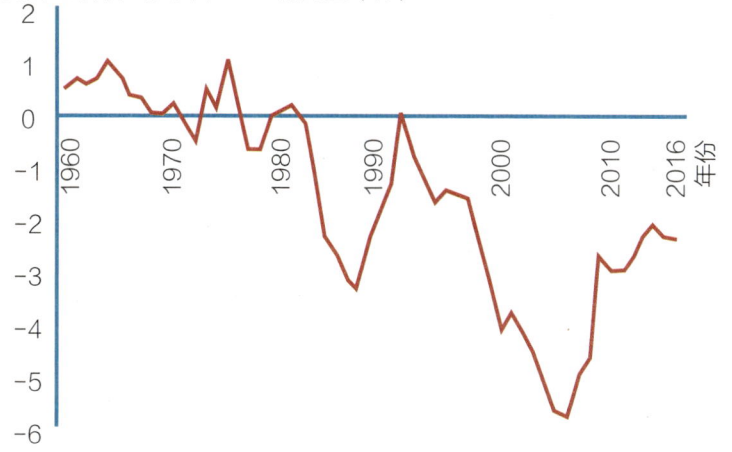

美国经常账户赤字占GDP的比重(%)

经常账户赤字是指商品与服务进口的价值大于出口的价值。

如何减少经常账户赤字

假设一国政府对本国经常账户赤字的规模感到忧虑——它能做些什么来减少赤字呢？减少赤字最简单的方法，就是推行一些政策以减少消费者支出，如增税并（或）缩减政府支出。这就会减少总需求，进而降低进口消费。此外，这种政策还有一个附加的好处，就是能够减轻通货膨胀的压力，并使国内商品相对而言变得更有吸引力。然而，这里存在一个非常明显的弊端，就是将会导致经济增长的放缓及失业率的提高。（因而不受欢迎！）另外一种政策则是降低汇率，如果汇率下降，那么经常账户就很可能会有所改善。这是因为，出口商品价格会相对变得更便宜，而进口商品价格则会变得更贵，假设需求相对具有弹性（对价格的变动比较敏感），那么出口价值就会增加，而进口价值则会降低。

贬值的问题在于，它会导致生活水平下降，因为进口商品

无情的经济学

货币贬值与经常账户

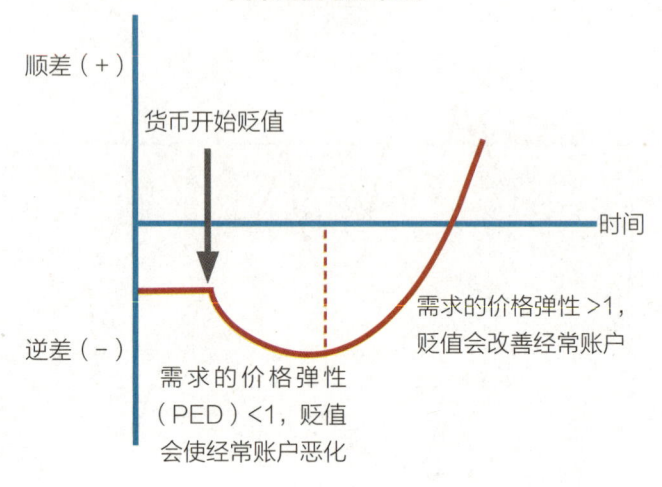

顺差（+）

货币开始贬值

时间

逆差（-）

需求的价格弹性（PED）<1，贬值会使经常账户恶化

需求的价格弹性>1，贬值会改善经常账户

的价格变得更贵了。随着进口增加，货币贬值还会增大通货膨胀的压力，而通货膨胀的抬头又会降低商品的竞争力，因此从长期来看，经常账户实际上也可能并不会得到改善。改善经常账户真正可持续的方法是从总体上提高生产率及竞争力。例如，提高劳动生产率的供给侧改革能使出口企业更具有竞争力。投资更好的交通运输系统等公共基础设施也有助于降低成本。如果能成功做到这一点，会有助于促进出口且毫无负面作用。但是在现实世界中，想要单靠政府的政策来实现这种竞争力的提升，是非常不容易的，毕竟大多数生产率的提高都来源于私人部门的创新。

第29章

货币政策

货币政策力图控制货币的供给与需求，以便实现通货膨胀及经济增长方面的目标。

货币政策过去是由政府来实施的，但是多年以来，越来越多的国家将控制权交给了独立的中央银行。其理由是，独立的经济学家会更少受到政治压力的影响，从而能够抵制在选举前降低利率的诱惑。货币政策的主要工具就是利率，因为利率对经济活动的影响着实显著。

银行提供给人们的利率并不是由中央银行直接设定的。中央银行会设定一个关键利率，我们称之为基准利率或贴现率。这基本上就是各商业银行向中央银行借款时所需支付的利息率。如果这一基准利率发生变动，那么各商业银行通常（尽管并不总是）就会把这一变动传导到消费者身上。货币政策的主要目标就是保持低水平的通货膨胀。例如，在欧元区，欧洲中央银行（ECB）设定的通货膨胀率目标就是低于2%。但是，除了通货膨胀，中央银行通常还会考虑货币政策对经济增长与失业的影响。

降低通货膨胀

假设经济处于过热状态，引发了工资与物价的上涨，导致了通货膨胀。在这种情况下,中央银行就会提高利率给经济"降温"。利率的上升将产生多重影响。首先,借钱的成本变得更高了,所以对于靠信用卡购物或者贷款买新车这样的事,消费者的态度就会更为慎重。对于所有面临着非固定利率抵押贷款的家庭而言,他们所需支付的利息都会随着利率的上升而自动提高,所以为了偿还贷款,他们就不得不缩减开支。企业也会面临更高的借款成本,所以它们会推迟做出投资决策,直至借贷的成本变低。其次,利率的提升会使储蓄变得相对更有吸引力,进而阻碍消费与投资。最后,利率的上升往往会带来汇率的上升。美国更高的利率会增强在美国的银行进行存款的吸引力,所以美元就会升值。美元升值还会有助于降低通货膨胀,因为进口商品会变得更便宜,而出口需求也会下降,从而导致经济增长放缓。

通过货币政策来降低通货膨胀

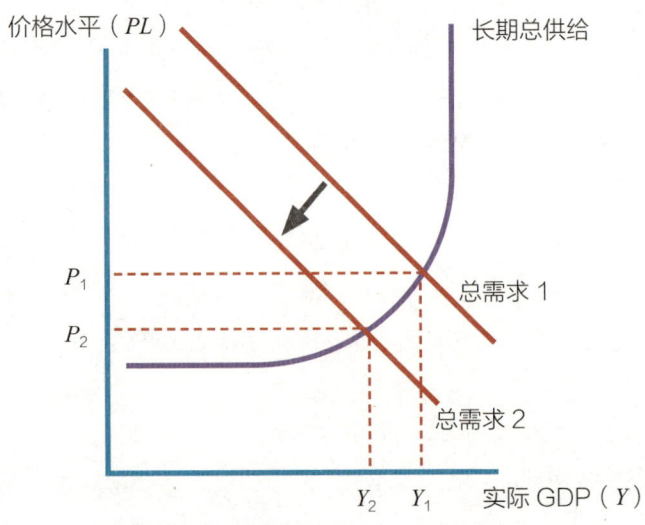

利率的提高会降低总需求（AD）与通货膨胀（PL）。

随着经济增长放缓,经济所面临的通货膨胀压力就会减轻。同样道理,当出现经济衰退时,降低利率也应该会提振需求,促进经济增长,并且有助于降低失业率。理论上,货币政策似乎可以被用于微调经济,并可以同时避免高通货膨胀率及高失业率出现。而且有时,这种成效的确会显现。例如,自 20 世纪 80 年代起至 2007 年,美国一直处于"大稳健"时期,当时的通货膨胀率很低,并且经济始终保持着正增长。

货币政策的难处

然而在实践中,想以货币政策来驾驭经济周期却困难得多。首先会存在一个时滞:如果降低了利率,对于使用固定利率抵押贷款的家庭来说,他们可能需要很长一段时间才会注意到利率下降了。在理想状态下,中央银行应该能够预测到未来的通货膨胀走势,并按照预期调整利率,但是准确预测经济的走向是很困难的,因为变量实在太多了,甚至搞清楚当下经济的状态都非常困难。

例如,美国自 2008 年第一季度起就进入了经济大衰退阶段,但直至 12 个月以后,美国官方才宣告大衰退存在。连弄清经济衰退的严重程度都需要耽搁这么久的时间,这就注定了货币政策对衰退做出反应在时间上也必然会被延迟。

货币政策存在的另一个问题是,人们并不总是像经济学教科书预期的那样为人处世。如果人们信心不振,那么降低利率在刺激消费方面也就不会产生任何效果。2009 年,美国利率从 5% 降至 0.5%,但其对增加消费与投资的作用却微乎其微,因为银行、企业及消费者都对经济与银行业的状况感到提心吊胆。2009 年面临的另一个问题是,银行缺乏现金,所以即使借贷成本很低，它们也没有流动性（现金）可以贷出。

艰难的抉择

带来更大压力的是那些让中央银行行长如履薄冰的意外事件。例如，在成本推动型通货膨胀时期或滞胀时期，中央银行官员面临着一个无法解决的困境。如果通货膨胀率很高，失业率也很高，那么他们是应该提高利率以降低通货膨胀（这就会加剧失业），还是应该降低利率以减少失业（这就会加剧通货膨胀）呢？他们必须进行二选一——鱼和熊掌不可兼得，至少在短期内是这样。2022年，美国面临着严重的通货膨胀，但是美联储最初并不愿意提高利率，担心这会导致经济衰退。而它后来也正是因为对通货膨胀的反应太过迟缓而招致批评。一直到2022年年底前，美联储才意识到通货膨胀要比其最初想象的更加顽固，于是迅速开始加息，而这又招致了另一些人的批评，他们认为美联储这么做是在冒着让经济衰退的风险。

量化宽松

利率并不是唯一可以运用的货币政策形式。2009年，美国的利率降至0.5%的水平，但是美国经济仍然不景气。中央银行于是采取了更加非正统的手段，动用了所谓的量化宽松（QE）政策。这种政策涉及货币创造——类似于印钞，只不过是在中央银行的账户中以电子方式加以落实。中央银行随后从各家银行都购入了资产（如政府债券）。这降低了债券的利率水平，并增加了各商业银行的流动性（现金）。理论上，有了更多流动性（现金）的商业银行就应该能向企业提供更多的贷

第 29 章 货币政策

欧洲中央银行。

款,并助力经济增长了。受益于这波基础货币的增加,各商业银行确实一度表现不错——但为实体经济中的投资所提供的资金却只有一小部分,因为各银行仍然不愿意放贷。量化宽松并没有像有些人担心的那样造成通货膨胀,但是它也没有让经济重新回到正常的增长状态。而与其有关并且可能是更为有效的一项政策被称为直升机撒钱,即中央银行在印钞后便把钱直接提供给普通公民(就像从直升机上往下撒钱一样,只不过是以一种更为可控的方式)。理论上,与交给各商业银行相比,如此操作,这些现金才能更有效地提振消费并促进经济增长。

不过,在许多情况下,政府印钞都可能会带来灾难。印钞造成过度通货膨胀及经济活动不稳定的例子有很多,比如,美国内战(1860—1865 年)期间的南部联盟、1922—1923 年的

无情的经济学

2008 年后津巴布韦元的纸币，面值从 10 元到 1000 亿元不等。

德国、1946 年的匈牙利以及 2008 年的津巴布韦。印钞会造成通货膨胀，是因为如果商品的数量保持不变而流通中的现金却增多了，那么企业就会抬高价格。而对于增加实际的产出或财富来说，印钞是毫无作用的。因此只要货币太多，就只会造成通货膨胀。

只有在某些情况下，印钞才不会造成通货膨胀，就是当一个经济体已陷入严重的萧条，利率为零，通货膨胀率很低，甚至存在通货紧缩（价格下跌）时。这种经济状态有时被称为流动性陷阱，但使用印钞机这一应对政策很少被使用，也许是因为担心它可能会导致通货膨胀。

第30章

流动性陷阱

流动性陷阱指的是以低利率及低增长为特征的一系列特定的经济状况。

这是一种很特别的情况,在此情况下,降低利率是无效的,因为每个个体都想持有现金储蓄,不会因降低利率的诱导而去借款或投资。如前文所述,降低利率通常都会增强人们消费或借贷的动机。随着利率的下降,债券的收益率也会降低,所以降低利率会鼓励人们出售这些债券,并增加消费。然而,当利率接近于零时,以现金的形式持有财富是没有成本的,所以在刺激消费与投资方面,中央银行的行动通常就不再起作用了。在这种情况下,货币政策就被认为像是在"拉伸一根细绳"——也就是说,毫无效果。

我们为什么终会遭遇流动性陷阱

首先,这是因为人们对未来经济状况的信心非常弱。如果信心很强的话,企业就会热衷进行投资,但如果它们预计将来需求并不会增长,那么其就宁愿保留现金储备而不去投资。在2007—2008年的全球金融危机期间,由于许多银行都处于危险的财务状况之中,人们对经济低迷的信念被放大了。多家银行都因房地产泡沫的破裂而赔钱,其资产负债表都处于巨额

无情的经济学

亏损状态,因而这些银行都在寻求吸引更多的存款,而不太愿意放贷。亏损的企业也在力求改善自己的资产负债表状况,而不是去进行投资。

其次,在通货膨胀率很低或通货紧缩的时期,既然持有现金也没什么损失,那么持有现金的回报就会增大。在20世纪90年代及21世纪初,日本经历了一段长期的通货紧缩——这就是流动性陷阱的一个典型例子。在通货紧缩率为2%(价格每年下降2%)的情况下,持有现金就相当于给了人们+2%的实际利率(通货紧缩期间的货币会增值)。实际利率等于名义利率减去通货膨胀率。在利率水平为0,而通货膨胀率为-2%的情况下,有效实际利率(减去-2%=+2%)事实上是很高的。即使只是持稳现金,以实际价值计算,你每年都会看到有2%的增值。在这段通货紧缩的时期,日本的利率水平被下调至0,但是这种做法对于促进经济增长却不起作用,对于减少通货紧缩的压力也几乎毫无作用。

日本在20世纪90年代及21世纪初都遭受了流动性陷阱。

流动性陷阱出现的概率也可能会因某些人口结构的变化而增大。当人口结构呈现年轻化并且人口总量不断增长时,在经济体中更倾向于出现较高的投资支出与较快的经济增长。但是,在一个人口老龄化的社会,人们对商务投资的需求就会减少,而对现金储蓄的偏好则会增强,这就使得流动性陷阱更有可能出现。

第 30 章 流动性陷阱

流动性陷阱与货币供给

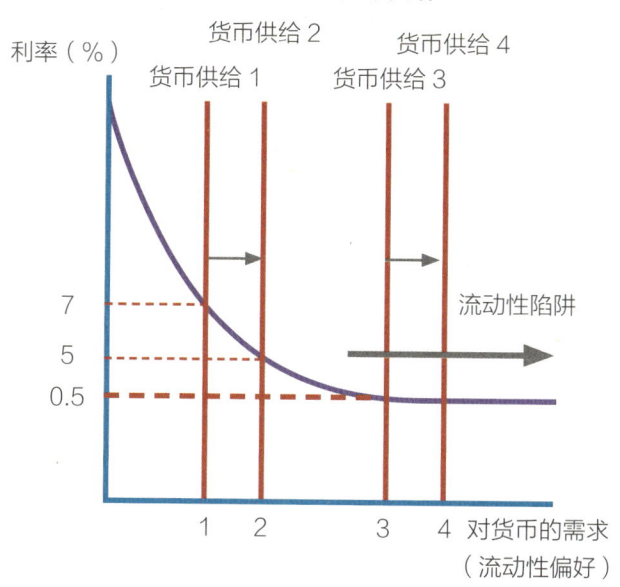

在流动性陷阱中，货币供给（MS）的增加并不能使利率下降。

流动性陷阱的解决方案——财政政策

对于流动性陷阱，凯恩斯主义的对策是运用财政政策，因为这可以直接带来商务投资的增加，而不必依赖私人部门对疲软的货币信号做出反应。财政政策涉及改变政府支出及税收决策。例如，如果私人部门不愿意投资，那么政府可以冲锋陷阵去落实那些可以直接增加公共部门投资的政策，如修建道路、学校或医院。这种办法的好处是既能直接提升经济中的总需求，又能带来乘数效应，即公共投资的增加会给私人部门带来信心，并鼓励私人部门也开始加大支出。财政政策的另一个好处是，由于利率水平接近于零，所以政府就能以很低的利率借入款项，因而其偿还债务的成本会相当低。而公共部门的项目都只需要很有限的回报就能获得净收益。随着时间的推移，利率可能会上升，所以政府借贷的成本就会变高，这的确是事实。但是在流动性陷阱持续存在且借贷成本很低的情况下，财政政策在提供短期刺激措施方面可以发挥临时性的过渡作用。

一些人担心，财政政策会带来挤出效应——当公共支出的增加导致私人部门支出相应减少时，总体而言就意味着需求并未增加，经济增长没能实现。但是，在存在流动性陷阱的情况下，这种情形并不会发生，因为私人部门正在固守未被使用的现金储蓄，并有大量现金储蓄可以借给政府——而并不减少私人部门自身的投资。事实上，此时的财政政策可以带来的是挤入效应，即政府的财政刺激措施使得私人部门更愿意支出其迟迟未用的储蓄。

用以摆脱流动性陷阱的财政政策

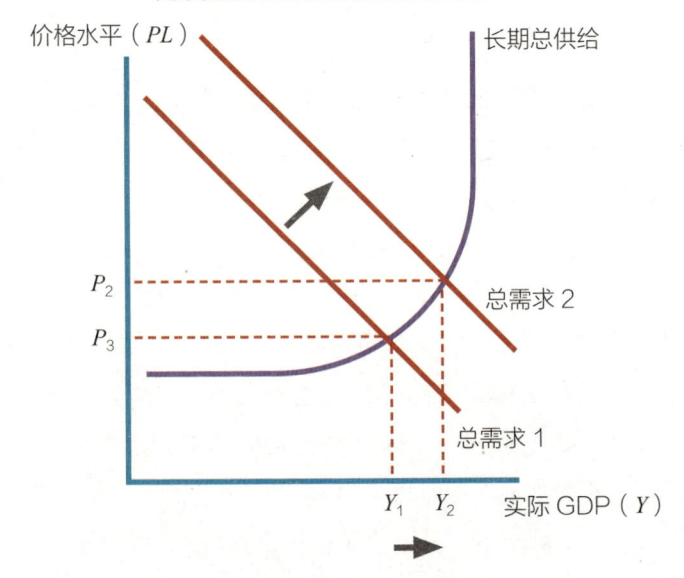

财政政策力图在经济衰退中提振需求。

非常规货币政策

挣脱流动性陷阱的另一个对策则是运用非常规货币政策，如瞄准更高的通货膨胀率并（或）增加货币供给。举个例子，假设中央银行通过印钞来增加货币供给，除非这些增量的货币都被存起来，否则一些货币将导致更高的需求，这会引发一定程度的通货膨胀和更正常的经济活动。关键是，一旦人们开始预期未来会出现通货膨胀率的上升，流动性陷阱的循环就可能被打破。正如保罗·克鲁格曼所观察到的那样，非常规货币政策的难点在于，中央银行需要"在承诺自己不负责任这件事上，做到令人信服"，这对中央银行来说并非易事，因为没有哪家中央银行想要失去自己审慎、负责并坚定维护低通货膨胀率的声誉。近 20 年来，在试图打破通货紧缩周期方面，日本银行一直犹豫不决，也从未真正取得过成功。

第 31 章

乘数效应

乘数效应解释了初始的增量投资是怎样导致更大的最终国民产出增长的。

假设某个经济体陷入了萧条，政府决定额外支出 50 亿英镑来建造 100 家新医院。政府支出的这一增长将会使国民产出增加 50 亿英镑。这些支出会被用来采购各种原材料，对各类供应商进行付款，并支付更多的工资。如果这 50 亿英镑全部都被花光了，就相当于使国内生产总值（GDP）增加了 50 亿英镑。但是乘数效应表明，产出的增幅并不会止步于此。如果在建造医院的过程中，失业者获得了就业机会，那么他们就会获得收入，因而得以增加消费。结果是，各实体商店的店主与在线零售商的收入也会因此而增长。需求的增长就会带来产出的扩大，这就意味着，那些与建造医院不相关的企业也可能必须雇用更多的员工，而这种做法又会进一步带来收入的增长。换句话说，连锁反应出现了。从最初的刺激措施开始，产出一直在持续增长，有点像滚雪球效应。

对经济的投入并不一定必须来自政府支出，也可以来自私人投资或出口需求的增长。对举办一场重大的体育赛事而言，游客的突然涌入可能会以 10 亿英镑的规模增加消费，而随着酒店以及各餐厅老板们赚到这些新增的收入，这些企业与它们

第 31 章 乘数效应

乘数效应

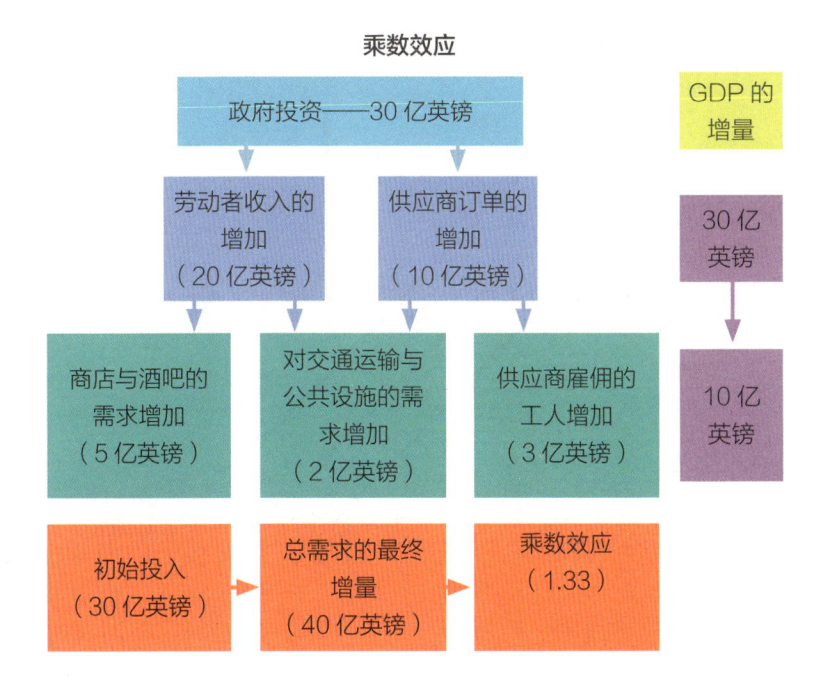

- 政府投资——30 亿英镑
  - 劳动者收入的增加（20 亿英镑）
    - 商店与酒吧的需求增加（5 亿英镑）
    - 对交通运输与公共设施的需求增加（2 亿英镑）
  - 供应商订单的增加（10 亿英镑）
    - 供应商雇佣的工人增加（3 亿英镑）

GDP 的增量
- 30 亿英镑
- 10 亿英镑

- 初始投入（30 亿英镑）→ 总需求的最终增量（40 亿英镑）→ 乘数效应（1.33）

的员工也会在这个经济体中更多地进行消费。

乘数效应的局限

理论上，如果这种对经济的支出性投入中，有很大一部分都能导致连锁支出产生，那么乘数效应就会相当大，因为会有无数轮新增的支出。然而，在现实世界中，乘数效应却会受限于若干因素，甚至在某些情况下，它可能根本不存在。

决定乘数效应大小的首要因素，是从经济活动中撤出资金的数量。如果被雇来建造医院的工人们获得了新增收入，那么他们就需要立即支付更多的税收——所以并不是他们全部的新增收入都会回到经济之中。此外，他们还可能决定将收入中的一部分积攒起来，而不是用于新的消费。最后，他们还可能把

乘数效应

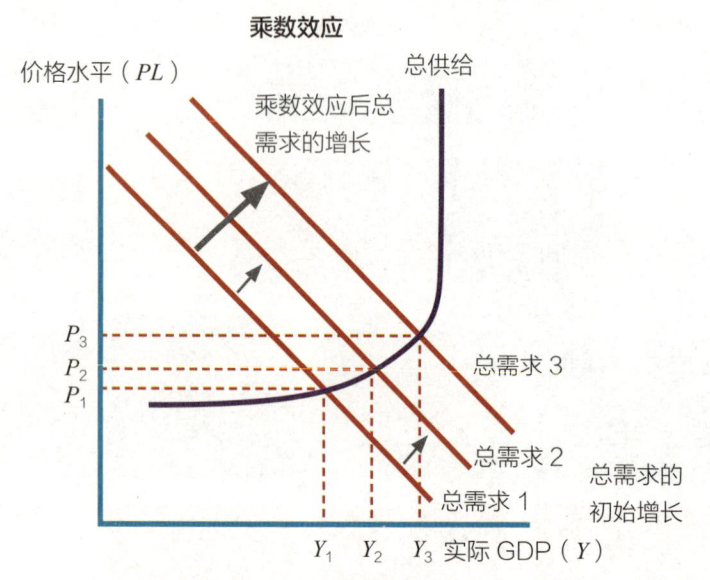

价格水平（PL）

乘数效应后总需求的增长

总供给

P_3
P_2
P_1

总需求 3
总需求 2
总需求 1

总需求的初始增长

Y_1　Y_2　Y_3　实际 GDP（Y）

乘数效应讲述的是最初需求的增加如何导致了最终需求的更大增长。

部分新增收入花在进口产品的消费上，而这种消费并不会增加本国的收入（尽管会增加其他国家的需求）。因此，对于源自政府支出决策的每 1000 英镑的新增收入，经济中额外新增的总支出可能只有 200 英镑，所以最终的乘数效应就是 1.2。也就是说，对经济初始的投入是 1000 英镑，而 GDP 的最终增量是 1200 英镑。

挤出效应

乘数效应还有另外一个主要限制。假设经济接近于充分就业状态，失业率很低。如果政府在新建医院上增加的支出为 50 亿英镑——那么这笔额外的支出会从何而来呢？它可能来自增加的税收，而增税就会减少纳税人的可支配收入。不然的话，政府借贷也可能用于支撑这笔新增的支出，这就涉及向私人部门出售债券。而私人部门在购买了政府债券之后，可以用于私人投资的资金就减少了。如此看来，这笔新增的政府支出实际上增加的收入并不是 50 亿英镑。这种做法只不过是把私人部门的支出转移到了政府部门而已。而且有些人还认为，政府部门的效率低于私人部门，所以政府的新增支出甚至还可能会减少经济产出。

或者，如果经济接近于满负荷运转，那么新增的投入则只会造成通货膨胀。经济中新流入的资金确实能促使更大的支出产生，但是由于企业已经无法满足更高的需求，它们的反应就将是提高价格。实际的产出并不会受到影响，所以乘数效应接近于零。

乘数效应为什么重要

若经济处于衰退状态，当政府愿意运用财政政策来促进经

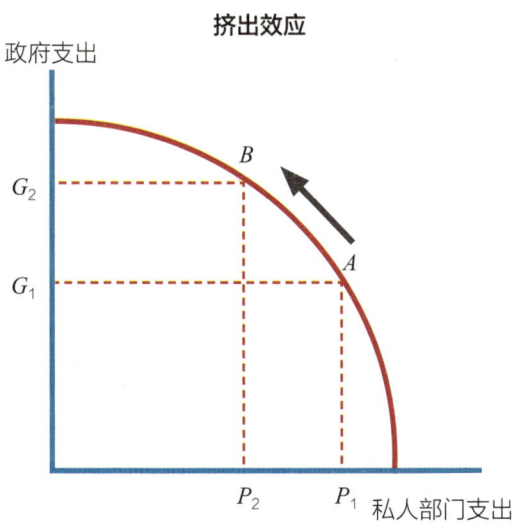

挤出效应

政府支出的增加会导致私人部门支出的下降。

济增长时,乘数效应是非常重要的。如果乘数效应为正,那么增加政府支出就能有效达到这个目标。但是,如果没有乘数效应,财政政策就毫无价值了。当存在闲置生产能力及未被利用的资源时,政府通常都会推行财政政策,其原因就在于此。在这种情况下,乘数效应可能会更有效。

负乘数效应

乘数效应也可能反向发挥作用。如果一家大型汽车企业倒闭了,那么许多员工就会失去工作,这将导致国民收入的下降。但是,如果人们失业了,他们的消费就会减少,并且汽车相关产业的收益也会下降。对依赖某个关键产业的特定地区而言,这尤其可能会构成问题。当某个关键产业停产倒闭时,整个地区都会受到影响,因为当地的每个人都在不同程度上依赖这个产业。例如,位于美国中西部与东北部各州的"铁锈地带"之所以获此称谓,就在于这一地区的多家大型制造业企业倒闭,导致很多失业工人背井离乡,到别处另谋生计,这就意味着整个地区在逐渐走向衰落与贫困。

第32章

比较优势

比较优势是指相对而言，一个国家能以低于另一个国家的成本去生产一种商品的状态。

这里的关键词是"相对而言"。例如，相比阿根廷等新兴经济体，像德国这样的发达工业经济体能以更低的成本生产从食品到汽车等各种各样的商品。然而，这并不意味着德国生产所有这些商品都是可取的。牺牲技术工人和资源来种植粮食，将是对德国工业实力的浪费。如果德国与阿根廷都专注于各自具有比较优势的领域，然后相互交换剩余商品，那么它们就都可以从中获益。

每个劳动者的年度产出

	食品	汽车
阿根廷	🌾🌾	🚗🚗🚗
德国	🌾	🚗🚗🚗🚗

德国在生产汽车方面具有比较优势。

无情的经济学

假设德国可以利用一定数量的资源,或者生产1单位的食品,或者生产4单位的汽车。在这种情况下,我们可以说,德国生产1单位食品的机会成本就是放弃生产那4单位汽车,即机会成本是4。

而阿根廷能够生产的两种商品的比例是:2单位的食品比3单位的汽车。这样的话,它生产1单位食品的机会成本就是3/2(1.5)。

因此,如果阿根廷专门生产食品,那么它的机会成本就低得多,它所放弃的制造业的产量只是1.5单位,而相比之下,德国需要放弃的则是4单位。若都在各自的比较优势领域从事专业化生产,就可以使两国的产出都翻一番,德国可以生产8单位的汽车,而阿根廷则可以生产4单位的食品。相比两国都竭力去生产食品与汽车这两种商品的情形,各自进行专业化的生产可以带来更大的总产出。

此外,比较优势的益处还不止于此。前文的例证假定了规模收益不变,而在现实世界中,特定产业的专业化生产很可能会产生规模经济效应。随着德国专门从事制造业的生产,该国的生产效率将会得到提升,进而降低平均成本。阿根廷则可以受益于农业生产的规模经济。

19世纪的经济学家大卫·李嘉图详尽阐述了比较优势理论。他使用的例子涉及葡萄牙与英国这两个国家,它们彼此之间用葡萄酒(葡萄牙有

大卫·李嘉图。

比较优势）和布料（英国有比较优势）相互进行交换。他的理论成为自由贸易的重要理论基础。

新贸易理论

新贸易理论同样表明，比较优势理论并不像以往人们所认为的那样重要。新贸易理论指出，现代生产中的关键因素并不是比较优势，而是规模经济。随着全球产业的规模化运营，任何制造过程规模的扩大都能通过规模经济节省大量资金，从而降低平均成本。因此，关键是要选择一个特定的产业进行专业化的生产，并获得尽可能多的规模经济效益。最初的比较优势可能并不那么重要。

新贸易理论的另一个论点是，贸易的最大收益来自与近邻国家之间的交易。这不仅是因为这样做的运输成本较低，而且也是因为近邻国家拥有共同的文化、社会习俗与经济观念。例如，欧洲的服装生产商可以很好地理解欧洲人的时尚审美观，而这一点可能是亚洲生产商很难做到的。对于低成本的廉价服

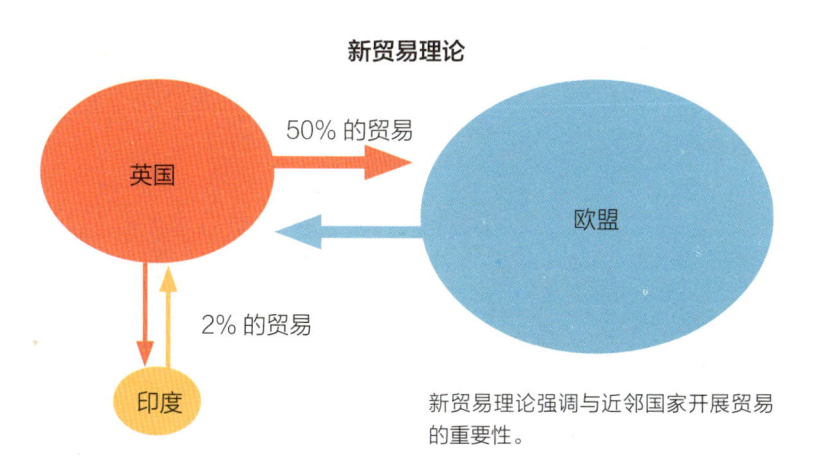

新贸易理论

新贸易理论强调与近邻国家开展贸易的重要性。

装，比较优势将继续掌握在东南亚的制造商手中。但是，对于更时尚的商品品类来说，重要的就不再是价格了，而是质量与满足消费者偏好的能力。

比较优势的局限性

比较优势还存在进一步的局限性。首先，该理论假设的是无摩擦贸易的情形，而在实践中，贸易难免会面临一些壁垒。近年来，世界各类企业已经开始重新评估它们的生产基地。2021年，由新冠疫情带来的供应链问题造成了运输成本高昂，企业因此而重新考虑其生产线问题。2022年，企业回流的现象有所增多，很多企业都将生产线迁回了更靠近本国市场的区域。

比较优势原理还可能受到关税壁垒与贸易禁令的影响，而这两者都会导致报复性行为及贸易量下滑，从而使比较优势的潜在收益有所减损。

第33章

全球化

全球化是指世界经济日益一体化的过程。

虽然在过去，世界各国的经济在很大程度上都依靠自力更生而发展，但是全球化已使各国之间的贸易及经济的相互依赖性日益提升。随着人们及企业不再感受到国界的限制，全球化的进程也带来了更多的劳动力与资本之间的流动。好几个世纪以来，全球化一直都是社会发展演进的一部分，而不只是20世纪独有的现象，只不过在过去的100年里，全球化的进程极大地加快了，大多数产业都已深度融入世界经济。人们询问一辆汽车是在哪里生产出来的，这时，我们已经不能够再精确地

集装箱船受益于巨大的规模经济效应。

世界出口在世界生产总值中的占比

商品与服务的出口在世界生产总值中的占比（%）

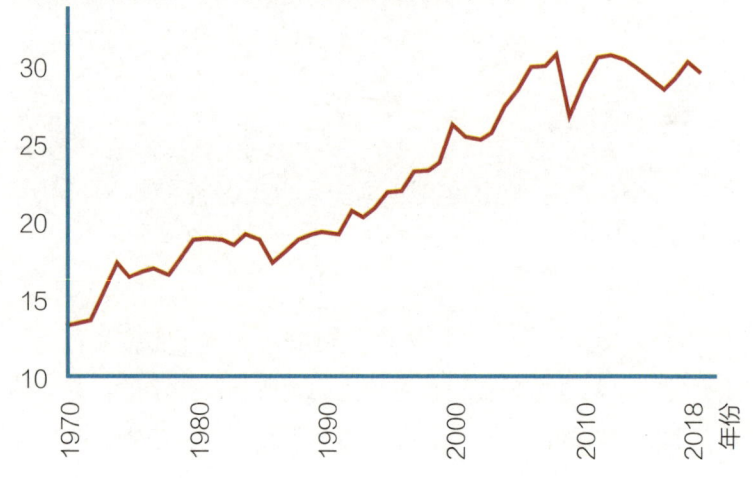

答出是哪个国家生产的了，因为这辆车的组成部件来自好几个国家。

全球化既带来了威胁，也创造了机遇。它对于降低世界各地的贫困率，促进贸易增长一直都是一个重要因素——在亚洲尤其如此。

事实上，绝对贫困率的降低是过去 50 年里在人们意料之外被创造出来的功绩之一，全球化进程可以为此而得到赞誉。然而，全球范围内的外包生产破坏了当地的产业与就业，全球化也因这一威胁而令人惧怕。全球化也被认为与环境问题有关，例如，全球对不可再生资源的需求和产出增加所造成的污染。

全球化背后的力量

自第二次世界大战以来，世界主要经济体基本上都处在和平与繁荣的状态之中。这就鼓励了企业寻求扩大海外市场的行为。技术与运输联系的改善使国际贸易变得更加高效。即使是像简陋的货运集装箱这类工具，也对降低贸易成本产生了很大的影响，使贸易变得更加经济。事实上，运输货物与零部件的成本已经足够低廉，使得企业能够越来越多地在世界各地布局专业化生产。例如，组成苹果 iPhone 手机的各个部件就是在全球各地的工厂里生产出来的：GPS 设备可能是瑞士制造的，屏幕可能是中国生产的，而研发则在美国进行。实际上，呈现在 iPhone 手机制造厂商名单上的国家有很多，它是一款真正意义上的全球产品。全球化背后的另一个推动因素则是欧盟、北美自由贸易区、东南亚国家联盟自由贸易区等贸易集团的成长，这些贸易集团合力促进了区域一体化的发展。

全球化带来的问题

全球化招来了很多批评者。首先，并不是所有人都乐见强大的跨国公司在全球范围内发展壮大，他们声称，跨国公司导致了某些没有能力与其竞争的本地企业走向衰亡，而这反过来又冲击了文化多样性。更成问题的是，全球化的巨大变革使得部分行业关门大吉，从而导致了结构性失业。例如，在美国和欧洲，全球化就被指责造成了传统制造业领域人员失业的扩大，这对缺乏技能的体力劳动者造成了沉重打击。理论上，这种失业问题应当可以被全球化创造出来的新就业机会化解，但是在现实中，对于那些被全球化抛弃的人们来说，无缝过渡到新的增长领域是非常困难的，也正是这些结构性的问题引来了直言不讳的批评者。

经常会有报道称跨国公司带来了投资及经济的增长，但是

无情的经济学

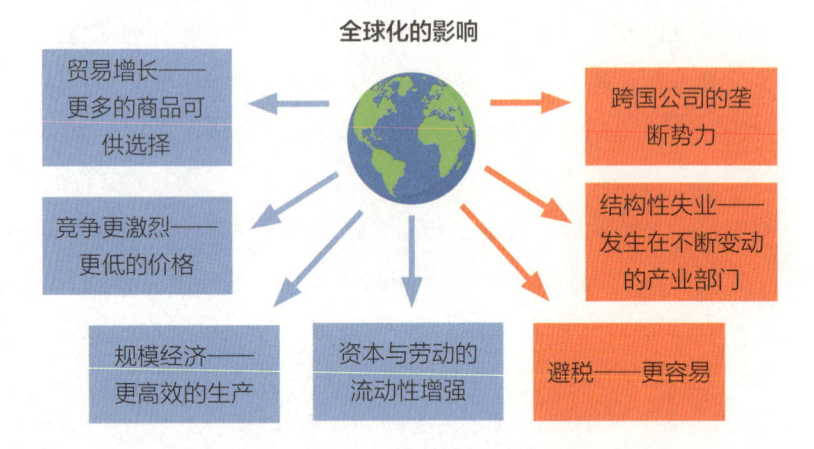

全球化的影响

- 贸易增长——更多的商品可供选择
- 竞争更激烈——更低的价格
- 规模经济——更高效的生产
- 资本与劳动的流动性增强
- 跨国公司的垄断势力
- 结构性失业——发生在不断变动的产业部门
- 避税——更容易

它们也会带来一些弊端：其具有的影响力与规模往往意味着它们甚至可以向政府施加压力，以要求降低企业所得税税率或者提供税收优惠。在过去 50 年的全球化进程中，全球企业的所

印度斋浦尔的一家麦当劳餐厅。跨国公司在世界各国销售它们的产品。它们往往会给这些国家带来新的就业机会及经济增长，但是由于规模极大，它们对当地政府所产生的影响力度却可能远超其带来的就业及经济增长力度。

得税税率持续下调，而避税行为也日益增多，亚马逊与苹果等跨国公司现在都成了在避税天堂隐匿利润及收入的行家里手，这就说明在受益于全球化这件事上，普通的纳税人成了输家。

对全球化的另一个批评意见是，全球化使世界范围内存在的很多环境问题进一步加重了。贸易的增长导致人们对天然商品的需求不断上升，而对这些商品原料的开采则造成了自然资源的枯竭，并对环境产生了外部影响。

全球化的最后一个问题是，人与资本更大的流动性带来了不幸的副作用。人们对居住在伦敦或纽约等某些主要城市的需求一直都在增长，资本的自由流动使得这些地区的房地产价格大幅上涨，从而导致了不平等，使得在这些主要城市工作的劳动者在买房或租房时都面临着困境。反过来说，全球化会使高

在这个全球化的世界，纽约已成为一个主要的国际化城市。

技能的劳动者从低收入国家外流，因为他们要追求更高的工资及更多的机会。随着那些最具技能的劳动者离开一个发展中的经济体，这个经济体的创业能力将受到限制，并会导致这一较贫困的发展中经济体拥有的机会减少了。

为全球化辩护

一些经济学家认为，对全球化的批判是基于一种误解。世界确实面临着许多环境方面的问题，但解决方法不应是逆转全球化的进程，而应是确保正确的激励机制及政策都能到位，以缓解这些难题。事实上，我们还可以认为，环境问题凸显了在全球范围内对这些问题做出回应的必要性。试图逐个国家解决全球变暖问题是徒劳的，需要通过全球合作来降低碳排放量。

虽然全球化的进程造成了一定程度上暂时的结构性失业，但这一进程并不属于什么新出现的经济现象，而是好几个世纪以来资本主义经济发展的一个特征。试图阻止全球化并不会保护劳动者，让其免受经济中这些变动的冲击。我们反而应该更多地关注全球化所带来的全部益处，如贸易的增长、价格的下降以及全球产出的提升所形成的规模经济。此外，全球化并未惠及发展中经济体的观点是一种错误的看法，发展中经济体可能会失去一些具备高技能的劳动者，但他们给其家庭成员的汇款（资金流动）确实增多了。鉴于贸易、资本流入及生活水平的平等可能带来的收益，全球化是使很多人摆脱贫困的一个关键因素。

第34章

关税与自由贸易

在几个世纪以前,对进口商品加征的关税常常是政府收入的一个主要来源。

18世纪早期,在美国的联邦收入中,进口关税所占的比重达到了惊人的95%。对政府来说,这是一个很便捷的收入来源,而且从政治意义上讲,与向国内消费者与员工征税相比,向外国生产商征税通常要容易得多。然而,高关税会阻碍贸易,也会让普通人的境况变得更糟。即便非经济学专业人士有时仍不信服,经济学家们往往一致赞同自由贸易能够提高经济福利的观点。

自由贸易背后的逻辑在于,降低进口关税意味着消费者(与企业)将察觉到物价在降低及自身的可支配收入获得了有效提升。因为购买进口商品的花费变少了,消费者就有能力在其他事项上增加支出。因此,尽管迹象可能并不明显,然而部分国内企业确实会看到需求在增长,因为消费者现在的购买力更强了。关于自由贸易,重要的一点是,一个国家只要单方面降低进口关税,其境况就可以得到改善——即使其他国家并不同时降低关税。然而,当一国降低进口关税时,其他国家通常也会同意给予回应,也会降低它们的进口关税,因此,本国那些具有比较优势的出口企业也将会看到需求的增长,从而创造新的

无情的经济学

关税会减少贸易，并导致消费者福利的损失。

工作机会。自由贸易往往会导致生产从效率低下的行业向效率更高的行业转移，但总体而言，经济状况应该会变得更好。

的确，一些国内的产业可能会遭受损失。那些缺乏国际竞争力的企业需要关税保护才能继续经营下去，一旦关税降低，它们就会丧失参与竞争的能力，且会被踢出局。这就是政府迫于极大的政治压力而维持关税的原因。然而，虽然某些行业可能会从关税中受益，但更广泛的经济领域却不会。减少关税才能使那些具有比较优势的新兴产业有机会获得增长。在促进全球经济增长方面，自由贸易一直都是一个重要因素，在东南亚地区尤其如此。

然而，虽然人们看到了自由贸易能使经济福利获得净增长，但并不是每个国家都能认同它所带来的好处的，很有可能的是，某些国家从自由贸易中获得的好处比其他国家要多。

例如，许多发展中经济体当前的比较优势可能在于初级产品的生产——如原材料的开采、粮食作物的种植等。因此，自由贸易的逻辑就是发展中国家应当仅在这些基础性的产业领域从事专业化生产。然而，这从长期来看却可能是有害的。这些产业的波动性都很大（价格的变动就会导致收益的起伏），而它们加速经济增长及增加从业者实际收入的可能性却都很小。全球收入的增长并不会带来粮食等大宗商品购买量的增多，而只会导致更高附加值的商品，如电子产品的购买量上升。

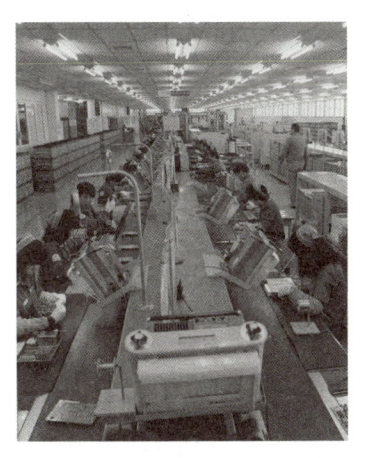

1985年的三星工厂。20世纪的韩国利用关税来保护其幼稚产业。

因此，一个发展中的经济体可能会认为，从长期来看，最好是使其多元化并发展新的工业基础，从而为提高生产率和经济增长提供空间。然而，如果没有关税，这些新兴产业就永远无法得以立足，因为购买进口商品总是会更便宜。因此，只有暂时实施一段时间的关税政策，才可以使这些"幼稚产业"获得一些经验，至少能在国内市场上销售产品。随着产业的发展及规模经济的实现，加征关税的必要性就会减弱，进而，随着时间的推移，就可以降低或取消关税。因此，发展中的经济体有充分的理由选择适度加征关税。包括英国、美国及韩国在内的发达经济体在其经济发展中的某些阶段，都曾实施过关税保护政策。而坚持让其他所有国家都享有自由贸易，被比作"踢掉你曾经爬上去的梯子"。

对关税的另一个考虑因素是，我们不应该忽视取消关税可能带来的真实困境。倘若取消关税将会使一个行业倒闭，造成结构性失业，并且可能会让该行业所在的地区陷入衰退，从总体上讲，这样做可能确实会促进经济的增长，但是这些增长在庞大的人口基数中只得到了很薄的分摊，而一小部分人所感受到的损失则十分强烈。在某些情况下，为了给予一个行业重塑自我的机会，经济学家们对临时的关税政策可能会持赞同态度，但是他们也知道，一旦"临时"的关税政策被落实，再想取消它们，难度堪比登天。

然而，在困难时期诉诸关税政策通常会使经济形势更加恶化。大萧条时期加征关税就是一个很好的例子，这一政策导致了世界贸易的进一步萎缩。截至1930年，由于银行倒闭及货币供给的下降，美国很多行业都遭遇了需求断崖式下降的局面。行业领导者及员工们都认为，利用关税来拦截廉价的进口商品

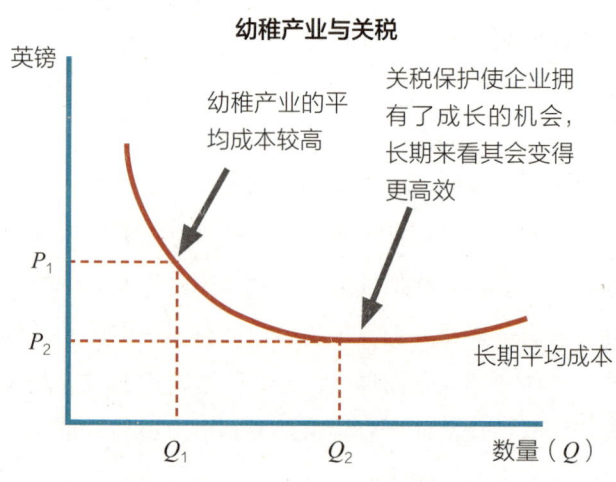

幼稚产业与关税

发展中经济体可能需要保护政策才能扩大生产。

以振兴国内市场是一种可行的解决办法,美国国会于是通过了斯穆特—霍利关税法案来响应,该法案对很多进口商品都规定了征收很高的关税,但是问题来了,对于处境艰难,勉强维持生计的消费者来说,关税所带来的价格上涨可谓雪上加霜。面对进口商品价格的跃升,他们只好削减在其他方面的支出。此外,美国这种突然倒向保护主义的行为助长了世界范围内形成一波贸易保护主义的浪潮,因为其他国家也试图保护它们自己国内的产业。结果,此时美国的出口企业发现,新的贸易壁垒造成了对它们出口需求的骤降。具有讽刺意味的是,本想支撑某些国内产业的关税法案却使自己的出口产业遭受了损失。大多数经济学家认为,保护主义延长了大萧条持续的时间,并使其程度更趋严重。

第35章

欧元

欧元是欧盟 19 个成员国的官方货币。它是世界上最大的单一货币，涵盖了使用相同货币和货币政策的不同国家。

欧元于 1999 年诞生，其设立的初衷是降低交易成本，消除汇率的不确定性，并助力欧洲经济实现更深层次的一体化。然而，虽然单一货币具有很多好处，但是也带来了意想不到的问题，因为不同的经济体情况各异，难以应对相同的汇率及货币政策。

单一货币的优势

欧元的主要优势在于可以避免货币兑换时产生的不必要的交易成本。欧洲各经济体彼此紧密关联，劳动力与资本都可以跨越国界自由流动。单一货币使这一关联变得更加简单，并避免了兑换货币尤其是换算零钱产生的成本。对企业及商务活动来说，欧元的另一个重要益处就是消除了汇率波动带来的不确定性。例如，一家比利时的企业从西班牙进口原材料再出口到德国，其商业利润会受到汇率波动的影响。然而，如果使用欧元，该企业就可以提前进行规划，因为它知道，进口成本或出口价格都不会再因为汇率而发生任何变动。交易成本降低及汇率具有确定性这两者相结合，鼓励了各企业在欧元区内进行投资。对跨国公司来说，在欧元区内进行投资也是很有吸引力的一件事，原因就在于这可以使其直接进入一个容纳了 3.4 亿人口的单一市场。

欧元：世界上最大的单一货币。

欧元的另一个潜在优势是，以欧元计价可以使各国居民都能更便利地进行比价——如果一个国家的企业收取高价，那么消费者就可以转向欧元区内的其他国家购买商品，这实现起来很容易。

单一货币的缺点

单一货币能够带来诸多益处和毋庸置疑的便利性，那么为什么还有一些国家不愿意加入呢？单一货币需要设置一家中央银行，并且各国都要实行共同的货币政策。对于整个欧元区来说，只存在着由欧洲中央银行（ECB）设定的唯一利率。如果各经济体的一体化程度非常高，并且其经济都以相似的速度增长，那么这种共同的货币政策倒也不会带来什么问题。然而，在一体化程度不那么高或经济增速出现差异的时候，就可能造成问题。在 2000—2007 年的经济繁荣时期，葡萄牙、希腊与西班牙这些经济体却相对缺乏竞争力。相比北欧地区，南欧地区的生产率增长得较为缓慢，结果就是南欧地区的出口商品价格变得更贵了，导致了南欧地区出口规模的相对下降，而进口需求上升，从而使得其经常账户的赤字扩大。

对于非欧元区的单一国家来说，原本是可以通过让汇率贬值来重拾竞争力的。但是在欧元区内,这是不可能的,所以南欧地区的国家最终出现了巨额的经常账户赤字。此外,这些国家缺乏竞争力的经济状态压低了经济增速水平,提高了预算赤字。这些国家没有自己的中央银行,因而无法在必要时增加流动性或购买债券。所以,在面临经常账户赤字的同时,希腊、葡萄牙与西班牙的债券收益率也在不断上升,而欧洲中央银行却并不愿意为其提供帮助。这些国家被迫推行了紧缩政策——削减政府支出以降低预算赤字,并阻止债券收益率上升。由此,南欧地区的国家要面临两个问题:过高的汇率导致其出口下降,而紧缩的政策又放慢了其经济增长速度,结果就是这些国家都陷入了深度的经济衰退。

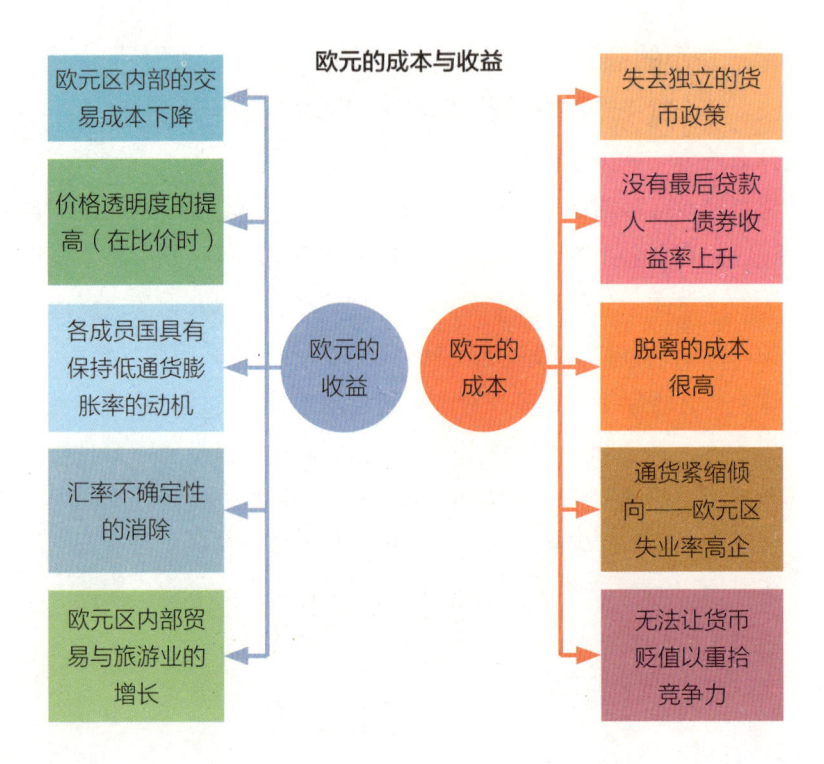

欧元的成本与收益

欧元的收益:
- 欧元区内部的交易成本下降
- 价格透明度的提高(在比价时)
- 各成员国具有保持低通货膨胀率的动机
- 汇率不确定性的消除
- 欧元区内部贸易与旅游业的增长

欧元的成本:
- 失去独立的货币政策
- 没有最后贷款人——债券收益率上升
- 脱离的成本很高
- 通货紧缩倾向——欧元区失业率高企
- 无法让货币贬值以重拾竞争力

通常情况下，当一国陷入了低通货膨胀及高估汇率这种经济衰退的困境时，其中央银行就会实行更为宽松的货币政策——降低利率并（或）增加货币供给。然而在欧元区，这种事情是不会发生的，因为欧洲中央银行并不能为不同的国家制定不同的货币政策，这就是欧元存在的一大弊端：其货币政策不适合那些经济增速达不到欧元区平均增速水平的国家。

从欧洲中央银行的错误中吸取教训

2012年，欧洲中央银行面临着一场真正的危机——债券收益率上升，经济衰退以及某些成员国缺乏竞争力。时任欧洲中央银行行长的马里奥·德拉吉宣布，在其职权范围内，该行将"不惜一切代价"来恢复稳定。这一声明帮助缓解了市场的紧张情绪，债券收益率开始下降。然而，这也确实意味着，作为一家非经选举而产生的中央银行，欧洲中央银行对不同的经济体有着重大的影响力，这种影响力取决于它愿意出手干预的程度。一些经济学家认为，要想让单一货币充分发挥作用，在财政政策及共同的欧元债券方面，欧盟应当寻求建立共同的规则。然而由于政治原因，这是很难做到的，就连以往关于限制政府借贷的财政规则都还在频繁地被打破。欧元区仍然面临的潜在问题是，当各成员国分别处于经济周期的不同阶段时，能够帮助它们解决失衡问题的政策工具非常有限。

最优货币区

对于欧元来说，一个关键的问题是，欧元区在多大程度上是最优货币区。最优货币区是指单一货币带来的收益大于成本的区域。例如，美国就是一个单一货币的最优货币区——美元在美国50个不同的州中被使用。假设加利福尼亚州（简称加州）进入了经济衰退期，已缺乏竞争力，而东部海岸地区却正在蓬勃发展，此时美联储不能对加州实行不同的货币政策，但是加州的劳动者搬到有着更好工作机会的东部海岸是较为容易的。因此，地区差异并不重要，因为在有着共同语言及国籍的地区之间，劳动力与资本的流动是很灵活的。然而，欧元区是否构成了一个最优货币区则是一个更难解的问题。当希腊经济陷入严重衰退，失业率高达20%时，要想让希腊人都搬去德国，在德国景气的产业里寻找工作机会，则存在着诸多实际困难，包括语言与文化方面的障碍以及融入当地社会的不易。因此，尽管自由流动从理论上讲是可能的，但是在实践中，高失业率的地区是存在的。

第36章

对外援助

鉴于全球普遍存在的不平等，人们一直希望对外援助能够帮助纠正全球不平衡，减少贫困，解决人道主义危机，并提供资本，以实现经济发展的真正进步。

对外援助（简称援助）的价值常常遭到质疑，批评人士认为，援助很少针对最有价值的项目，而更会受到政治压力以及援助国需要受益的目标的限制。也有人担忧，援助会助长受援国的依赖性，他们认为，促进发展中经济体的贸易发展及内在的经济增长才是更好的策略。

援助的好处

当某个发展中经济体遭受了一次自然灾害或一场战争的重创时，其应对人道主义危机的资源就会出现匮乏。在帮助发展中经济体度过危机及避免不必要的人员伤亡方面，援助可以发挥重要作用。以更长远的眼光来看，发展中经济体可能会陷入因低水平的资本投资而导致的经济低速增长的怪圈，这就意味着其必需的投资迟迟不能到位。援助可以直接为这些发展中经济体提供一流的基础设施，使其挣脱无力为投资活动筹资或借款的困境。援助还能帮助发展中经济体应对市场失灵。例如，基础设施与教育是自由市场无法提供的公共物品，许多发展中

无情的经济学

越南主要通过贸易获得了发展。

经济体都难以获得足够的税收收入以便资助这些公共服务项目,这是个较大的问题。

举个例子,那些针对道路、学校及医院建设的援助,可以改善一个经济体的基础设施状况,援助不仅为其提供了重要的公共服务项目,还使其有可能在长期实现生产率的提升及经济的增长。在一些经济增长模型中(如哈罗德—多马增长模型),认为资本投资的总额是决定长期经济增长的重要因素。能带来资本流入的援助可以改善收支状况,增加一个国家的财富,并为其经济增长提供原动力。援助也可能采取债务豁免的形式,债息偿付方面的支出会使发展中经济体政府减少用于其他更有价值项目的资金,因而会阻碍其发展。

进行贸易,而不是提供援助

批评者认为,大多数援助采取的都是捆绑式的形式,即援助国在提供援助时,要求受援国以购买其商品和服务作为回报。对援助提出的另一种质疑是,最大的受援国并不总是最贫困的国家，而是那些从援助国购买了大量出口商品的中等发展水平的经济体。例如，英国就曾于 2018 年向中国捐赠了 7100 万英镑。[1] 援助产生的另一个问题则是腐败，以及由腐败造成的涉及非人道主义用途的援助资金的可观规模。一项关于"对外援助中精英俘获现象"的研究发现，在对 22 个国家的援助中，有 1/6 的援助资金最终进入了瑞士等避税港国家。

关于援助，还有另一个担忧，即以医疗保健支出形式提供的援助会使发展中经济体的政府削减其自身对医疗保健的支出额度，转而在军事方面扩大支出。因此，援助流入本身就需要继续提供资金，因为倘若没有援助资金的继续流入，发展中经济体所建立起来的基本医疗保健服务就无法维持最低的服务标准。而如果医疗保健服务是由发展中经济体直接构建的，其可持续性就会更强，因为其并不依赖于接受援助。考虑到潜在的依赖性这一问题，一些经济学家认为，最好的政策应当是鼓励与发展中经济体开展贸易，并促使其自给自足。自由贸易的提倡者认为，贫困率的降低源自经济增长及更高效的出口产业的发展。例如，在过去的几十年里，中国与东南亚国家在降低贫困率方面就取得了显著的成就，而这一成就不是通过援助，而是通过贸易及经济增长取得的。这样做的好处在于，发展中经济体的政府可以选择如何运用经济增长的收益，而不必囿于援助国的意愿。

援助的必要性

这些对援助的批评可能言过其实了。并非所有国家都能像

---

[1] 来自英国《每日邮报》2020 年 7 月下旬的一篇广受质疑的报道，该报道内容已被证实为不实言论。译者注。

无情的经济学

贸易与援助的对比

贸易	援助
自由贸易——提升经济福利与生活水平的强大力量	幼稚产业论——自由贸易是不公平的。加征关税才能使各经济体获得多元化的发展
援助存在的问题——若理由不当,则会扭曲民主	增加资本——援助可以填补资本缺口,打破低经济增长率与低储蓄率的循环
移位效应——援助会使当地发展医疗保健等各类公共服务项目的动机缺失	市场失灵——援助有助于应对市场失灵,如在交通运输与教育领域。援助可以弥补自由市场的不足
东南亚贫困率的降低——中国与亚洲绝对贫困率的降低缘于贸易,而非援助	危机救济——就解决战争、饥荒及自然灾害等危机而言,援助是十分必要的

中国与越南那样从贸易与全球化中受益。特别是,撒哈拉以南地区的非洲国家并不具备同等水平的基础设施,而正是这一原因才使得中国和越南的制造业出口产业得以发展。当东南亚国家的经济增速创纪录之时,撒哈拉以南地区的非洲国家却落在了后面。由于其经济增长水平很低,援助可以帮助其解决经济发展中的一些问题。腐败是在某些发展中经济体内部存在的一个问题,但也并没有证据表明,援助总是会被浪费。只要采取正确的方式,我们就能看到,援助确实可以提供具备长期利益的公共基础设施。另外,依赖自由贸易会带来另一个问题,就是自由贸易的收益并不总是流向最贫困的经济体。从自由贸易的逻辑角度来看,会认为发展中经济体将受制于原材料的生产,

第 36 章 对外援助

小额信贷把钱贷给了那些本没有能力获得贷款的个人。

因为这才是它们的比较优势所在。但是倘若一个发展中经济体只生产初级产品与化石燃料，其经济增长及高附加值产业发展的空间就会非常有限。为了弥补自由贸易协定不平等的缺陷，可以通过援助为发展中经济体提供资本，以帮助其经济获得多元化的发展，并使其对波动较大的原材料大宗商品的依赖有所减少。

  有关援助的一个关键问题是，如何给予援助以及采取何种形式进行援助。最好的援助形式是赋予当地社区自主决策和投资的权力。例如，小额信贷就是一种向社会最贫困的群体（通常是妇女）发放无息贷款的援助形式。这些贷款规模很小，也必须偿还，但这确保了人们只有在他们觉得自己能让贷款发挥作用的情况下才会贷款。在某种程度上，这类援助解决了银行无法贷款给最贫穷的人这一市场失灵问题。这些方案的优点是，其释放了当地人口的生产潜能，依靠的是当地人的智慧，而不是依靠富裕经济体自上而下的支出。因为能使当地企业得到实惠，所以这种形式的援助更具可持续性。

第 37 章

不平等

不平等有很多不同的类型——如收入不平等、财富不平等,以及国家之间的不平等。

一个关键的问题是,不平等在多大程度上是资本主义的必要因素,甚至是可取的因素。这个问题并没有一个简单的答案,

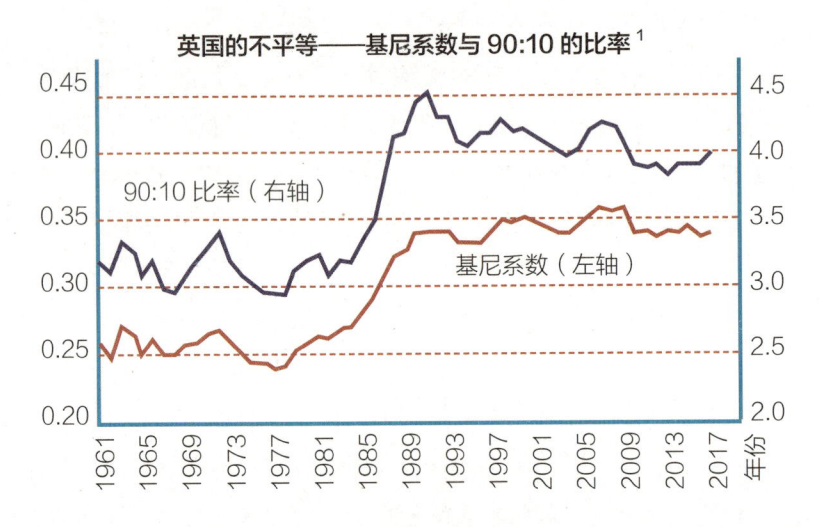

英国的不平等——基尼系数与 90:10 的比率[1]

20 世纪 80 年代,英国的不平等现象有所加剧。

1　90∶10 比率是衡量一国内部不同地区之间不平等程度的一种方法。其计算方法是:用一国内处于前 10% 的地区(第 90 百分位)的实际人均 GDP,除以该国倒数 10% 地区(第 10 百分位)的实际人均 GDP。若一国的 90∶10 比率为 2,则说明平均而言,该国处于第 90 百分位的地区比处于第 10 百分位的地区富裕 1 倍。译者注。

但在过去几十年里,不平等的加剧确实带来了难以解决的问题。

不平等的好与坏

一方面,一些经济体确实曾试图将结果平等强加于社会,但是这么做付出的代价十分高昂。首先,强调平等会弱化劳动者与企业的冒险、创新及努力工作的动机。其次,确保平等的机制需要国家强有力地干预,而这就为腐败的滋生创造了机会,从而造成了另一种意义上的不平等。在市场经济中,利润及更高的收益才是激励企业家进行创业,进而创造从根本上惠及整个社会的就业岗位及收入的关键因素。缺少了这种激励机制,经济往往会停滞不前,创新与冒险精神几乎不会存在。

在边际税率很高的国家里,劳动者有可能会减少加班时间,设法避税,甚至还有可能搬迁到另一个国家。例如,法国政府于 2012 年宣布,对超过 100 万欧元的收入征收 75% 的最高档

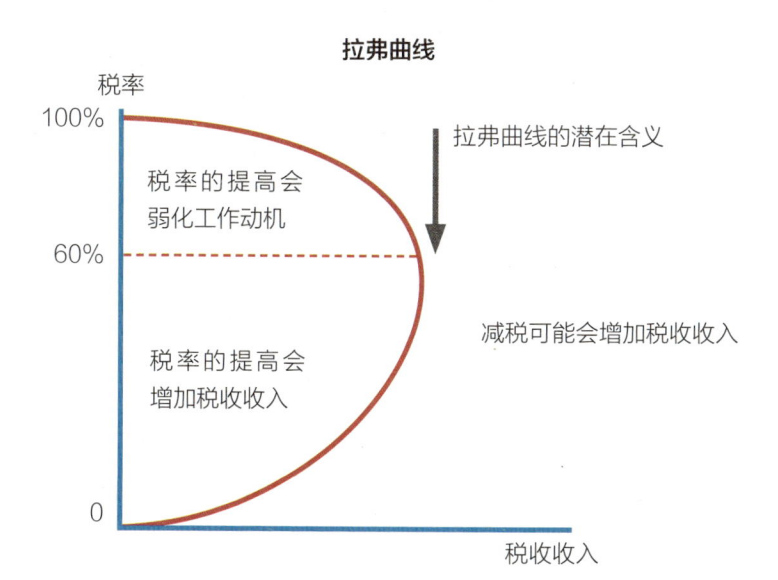

拉弗曲线

税率
100%

税率的提高会
弱化工作动机

60%

税率的提高会
增加税收收入

0

拉弗曲线的潜在含义

减税可能会增加税收收入

税收收入

位边际所得税，其初衷是为了减少不平等，但高税率形成的税收收入却令人失望，因为很多知名人士及企业纷纷寻求在比利时等低税率经济体进行注册。在如今全球化的世界里，避开高税率是人们很容易做到的事情。

另一方面，自由市场经济学家还担忧一点，即慷慨的福利可能会成为失业者再就业或劳动者工作更长时间的羁绊。给予穷人福利的确可以减少不平等现象，但也会造成意想不到的后果——更低的工作动机。

不平等背后一个有争议的观点被称为涓滴效应——其论点是，当富人变得更富有时，社会中的每个人都会受益，因为富人财富的增加及其收入的提高也会给其他人带来好处。只要每个人的境况都变得更好了，那么富人与穷人之间的相对差距是否在加大也就应该没那么重要了。例如，某项减税政策使富人的财富增加了 100 万美元，这样一来，富人就可以消费更多的商品，并聘用更多的佣人，这将导致经济中的工资上涨，因而惠及他人。

然而，涓滴效应备受争议。首先一个观点是，如果富人额外获得了 100 万美元，那么能流向其他劳动者的收入会很少。富人有很高的边际储蓄倾向，他们会把这 100 万美元都存入银行账户，或者用这笔钱去购买房产。这种做法非但不会提高平均工资水平，反而只会抬高房屋等资产的价格，使低收入群体更难负担得起住房成本。此外，也有假定认为，极端财富的取得是因为企业家更卖力地工作，或者是因为他们具备高超的创业技能。但其实财富的不平等常常是由于继承或运用垄断权而造成的。在这种情况下，不平等所奖赏的并不是努力工作，而是社会中的幸运地位。例如，一家拥有强大垄断权的企业既可以对消费者提高价格，又可以向员工支付低工资，从而使其自身赚取更高的利润。从理论上讲，更高的利润可以带来更高的税收，但是，这些利润也可能会以支付更高的薪水、奖金，或者存入海外银行账户等方式向政府隐瞒，从而避免缴纳企业所得税。

不平等还存在一些其他的弊端。首先，财富的边际效用是递减的。如果一个百万富翁获得了更多的收入，其满足感或幸福感的提升程度是很有限的。而倘若一个排队领取救济食物的人获得了更多的收入，那么他的生活水平会因此发生巨大的变化。在比较各国的人均GDP时，考虑收入分配的情况十分重要。例如，中东国家卡塔尔与沙特阿拉伯的人均GDP都很高，这固然可以表明它们都是世界上最富有的国家，但是人均GDP这一指标却掩盖了非常严重的不平等问题。由于两国GDP的绝大部分都仅由一小部分人口占有，所以更有用的衡量方式应该是类似于收入中位数的指标。收入中位数选取的是位于收入分布范围正中间位置的那个阶层的收入，这一指标不会被最富有的1%人群极高水平的收入所歪曲。

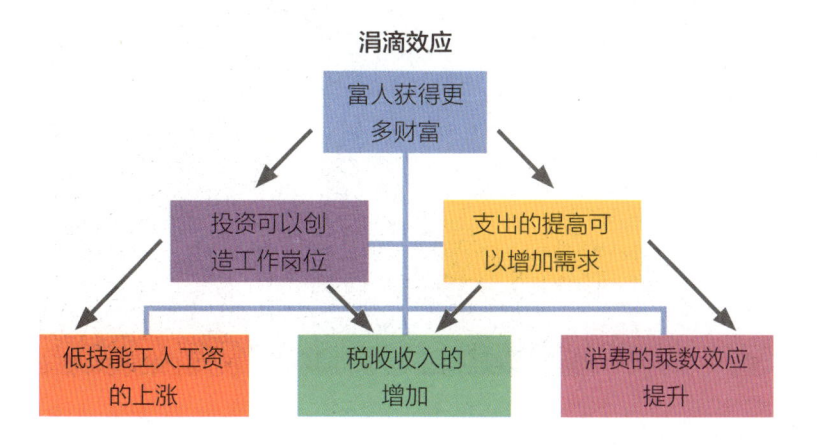

涓滴效应

```
           富人获得更
           多财富
          ╱    │    ╲
         ╱     │     ╲
   投资可以创        支出的提高可
   造工作岗位        以增加需求
    ╱     ╲        ╱     ╲
 低技能工人工资   税收收入的   消费的乘数效应
   的上涨         增加          提升
```

无情的经济学

较高的人均 GDP 可能会掩盖社会内部的高度不平等问题。

托马斯·皮凯蒂。

其次，关于不平等还需指出的一点是，如果一个人相对他人而言变穷了，那么即便他的收入有所增加，他也不一定会开心。行为经济学告诉我们，相对价值是很重要的。如果我们看到社会上的其他人都一夜暴富，而自己却错过了机会，那么我们就会对社会产生敌意。因此，普遍存在的不平等可能会成为社会动荡的根源。

考虑不平等的类型也很重要。近几十年来，由于大量财富进行了代际传承，财富的不平等状况在不断加剧。与向收入征税相比，向财富征缴的税收额度非常之低，部分原因在于，在缺乏避税计划的情况下，更难向财富征税。但是财富本身却能轻而易举地产生更多的财富。例如，购买房屋、股票或债券等资产就可以使其所有者获得稳定的收入流，从而可以再次进行投资，购买更多的资产。而那些低收入者中鲜见能够奢侈地为了增加财富而进行投资的人。此外，富人还可以从房价的上涨中获得收益。托马斯·皮凯蒂认为，财富的增长快于经济的增长，他用 $r > g$ 来表达这一观点，其中 r 代表财富的回报率，g 代表经济增长率，皮凯蒂揭示了富人财富快速增长的原因，即富人可以用股息与租金进行再投资，从而积累更多的财富。

第38章

最低工资

最低工资是指一个经济体中合法的最低工资标准。大多数主要经济体都拥有某种形式的最低工资标准。

在美国,联邦政府规定的最低工资标准是每小时7.25美元,而有些州的最低工资标准达到了每小时15美元。在欧洲,最低工资标准从保加利亚的每月36欧元到卢森堡的每月2313欧元不等。最低工资标准的设计初衷在于增加低收入者的收入,降低贫困率,并激励企业提高劳动生产率。对最低工资标准持批评态度的人士则认为,这一做法提高了营商成本,减少了就业机会,并且会使一些产业失去竞争力。

赞同最低工资规定的论点

制定最低工资标准的主要原因是,它可以提高低收入劳动者的收入水平,并有助于减少因工作导致的贫困现象出现。如果没有最低工资规定,拥有垄断权力(凭借其对市场的控制来设定工资的能力)的企业就得以支付低于均衡水平的工资,以牺牲员工收入为代价赚取超额利润。很多员工不具备较高的议价能力,而且他们一旦在某个低薪岗位就职,就很难再转向另一个工资更高、更有竞争力的岗位,所以最低工资规定有助于提高经济体中的公平性。随着工会影响力的相对下降,劳动者

第38章 最低工资

主要工业经济体的最低全年工资

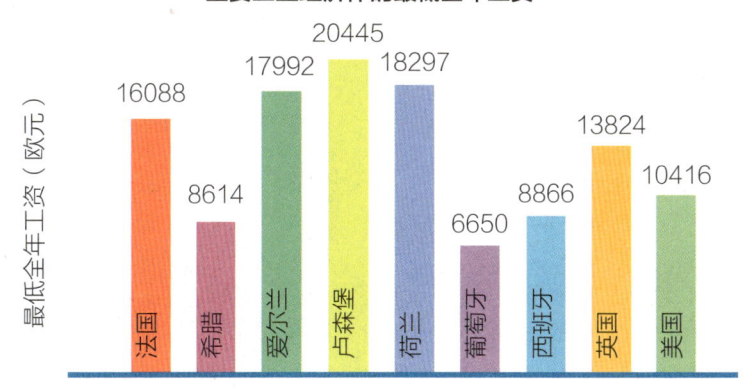

最低全年工资（欧元）

- 法国：16088
- 希腊：8614
- 爱尔兰：17992
- 卢森堡：20445
- 荷兰：18297
- 葡萄牙：6650
- 西班牙：8866
- 英国：13824
- 美国：10416

以加薪为目的的谈判能力已经非常弱小，最低工资规定的作用于是变得愈发重要了。

赞同最低工资规定的另一个重要论点是，一个经济体若试图倡导提高工资，就相当于鼓励了企业去投资可以提升劳动生产率的新技术与新的工作惯例。如果劳动力的成本提高了，企业会希望从每位员工那里得到更大的产出成果，进而就会投资能提高每位员工产出的技术。从长期来看，这对经济是有利的，因为它能带来员工人均附加值的提升，而不是局限于在最低工资方面进行竞争。

最低工资规定的另一个特征是，它将推高一个行业的整体工资水平，使企业更容易通过提高价格来消化工资的上涨。

例如，最低工资标准的提高很可能会对快餐店产生重大影响。但是，既然所有的大企业都同等程度地受到了影响，那么为了让各企业都能支付得起更高的成本，涨价似乎就理所应当了。

最低工资规定的最后一个好处是，它可以降低在职福利的成本。如在英国，为了帮助家庭支付基本生活费用，低工资群体有资格获得通用信贷。[1] 提高最低工资标准就可以使该群体对政府福利的需求减少。

最低工资带来的问题

最低工资带来的主要问题，体现在它会妨碍企业招聘员工，尤其是收入最低行业中脆弱的工人群体受影响最大。有人认为，快速提升最低工资将导致失业率上升，因为企业不愿支付更高的工资，所以干脆就不用工了。米尔顿·弗里德曼就坚信这一点，他曾于 1966 年指出："很多好心人赞成法定最低工资率，他们错误地认为这可以帮助穷人。这些人把工资率与工资收入混为一谈了。"[2] 弗里德曼认为，这样做尤其会损害低技能工人的利益，剥夺他们通过就业来接受在职培训的机会。最低工资的另一种危险性在于，它会鼓励企业在灰色经济中雇用员工，并且设法不向员工支付法定最低工资。

米尔顿·弗里德曼。

作为一种商品的劳动力

关于最低工资的争议之一是，批评者可以运用一个简单的

---

[1] 通用信贷是英国政府面向低收入群体、失业者及无劳动能力者提供的一项福利政策。译者注。
[2] 工资率是指单位时间内的劳动价格，它是工资与劳动总时间之比值。即工资收入是工资率这个分数的分子部分。最低工资标准又称为最低工资率。译者注。

第 38 章　最低工资

最低工资

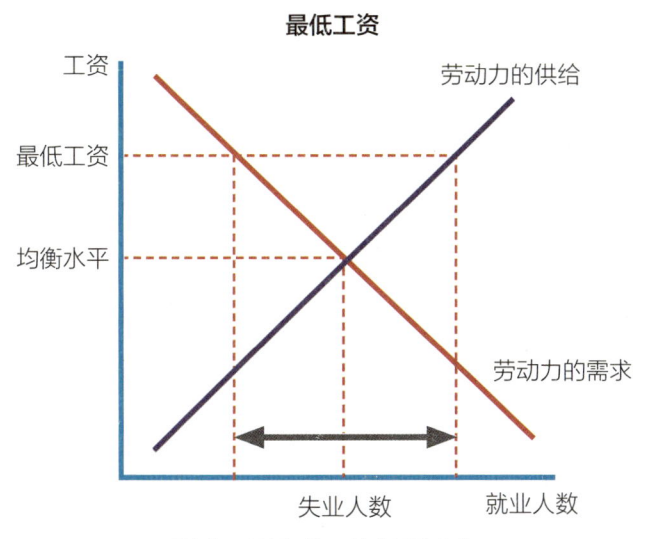

工资　　　　　　　　　劳动力的供给
最低工资
均衡水平
　　　　　　　　　　　劳动力的需求
　　　　　失业人数　　就业人数

理论上，最低工资可能会导致失业。

供求图来阐明观点——你可以称为经济学 101。[1] 汽车价格的上涨会导致需求下降，所以以此类推，劳动力价格的上涨也会导致需求下降。然而，劳动力市场通常比商品市场更加复杂。对最低工资的一项观察表明，当工资率上升时，员工工作时将更有积极性，其生产率会提高。工资越高的工作，其吸引力就越大，所以员工更渴望保住这份工作。随着工资的提高，员工的流动率会降低，这有助于降低营商成本。工资的提高也可能会扩大福利与工资之间的差距，并激励人们加入劳动力大军。就水果采摘工及清洁工等"不受欢迎"的工作岗位而言，英国、美国等发达经济体通常都存在劳动力短缺的现象，提高工资能够激励人们加入劳动力队伍，接受一份他们原本会拒绝的工作。

1　国外高校通常以"学科＋编号"为各门课程命名。其中，编号首位数字为 1 的课程属于基础课，难度级别最低。译者注。

无情的经济学

关于最低工资对就业的影响这一问题，经济学家们常存在认识上的分歧。实证研究既曾表明最低工资会导致失业，又曾表明其对就业的影响在统计学意义上是不显著的。不过在英国，最低工资自1997年以来一直在大幅提高（高于通货膨胀的增长），而2022年底的失业率却接近于充分就业水平（3.8%）。这说明，随着时间的推移，最低工资的上涨是可以被经济吸收的，既不会对就业也不会对失业产生重大的反向作用。

第39章

行为经济学

传统的经济学模型假定普通人都是理性的，都寻求自身经济福利的最大化。

企业寻求利润的最大化，而消费者则寻求收入的最大化，以及以最优的性价比购买商品与服务。这本是效用理论的模型，约翰·斯图亚特·穆勒与杰里米·边沁等功利主义哲学家对经济学也很感兴趣，所以效用理论模型被延伸进经济学领域也就不足为奇了。而且，这一假设也是合乎逻辑的——在宽泛的意义上，我们确实是基于效用进行消费的——而且毫无疑问，这使得经济学模型与理论的发展变得更加顺畅。然而，就在经济思想发展了150余年之后，人们却意识到个体并不总是理性的，而是会受到大量的人类偏好、成见与非理性思维因素的影响，从而表现出一些出乎意料的行为。最初，很多这类新见解并非来自经济学家，而是来自在经济情境中运用其专业学识的心理学家。但是目前，

杰里米·边沁。

这一新的经济学分支已被人们广泛接受,这是该学科的一个重大发展。

合理定价

一种市场理论被称为合理定价。其主张是,一只股票或一种商品的市场价格应当反映其真实价值,否则就会产生对其真实价值与实际价值之差加以利用的利润动机。该理论认为,价格不应该受制于非理性的高估或低估,因为价格的高估或低估都会使投资者有机会从中谋利。然而,在现实世界中,我们确实会看到非理性的行为以及资产价格的暴涨与暴跌现象。例如,在21世纪初,美国的房价上涨到了超出其长期价值的水平,房价的增速不仅快于通货膨胀及经济的增速,而且也快于平均收入的增速。根据历史的标准,无论怎样衡量,美国的房价肯定都被高估了。然而当时的许多分析人士都相信,这次的情况

在17世纪的荷兰,郁金香球茎的价格达到了惊人的高位。小扬·勃鲁盖尔在其1640年的画作中,讽刺了这一被称为"郁金香狂热"的现象。

有所不同，并给出了解释这种历史异常现象的理由。

但是，在 2006 年到 2009 年，美国的房价却暴跌了，这表明房地产泡沫长期以来都是存在的，绝大多数人确实在很长的一段时间内都是不理性的。一方面，我们会受到乐观偏见的影响。当房价上涨时，房主、房地产经纪人及银行经理都乐于相信房价还会继续上涨，对房价被高估一事发出预警的行业顾问将不受待见，而且还可能会失去买卖。正如俗话所说："宁与人共醉，不愿我独醒。"这种乐观偏见或非理性繁荣的心态与从众心理有关，如果大多数人都在传言科技股股价会继续上涨，或者都在说郁金香球茎是很好的投资项目，我们大概率就会做出与大多数人同样的选择——认为他们一定知道我们所不知道的事情。

行为经济学在很多领域中都有着重要的洞见。如人们曾经假定，激励一个人的最佳方式就是用金钱——如给员工发放奖金，为好人好事支付报酬。然而一些研究却发现，为完成额外工作的员工发放奖金，不久之后都会事与愿违。员工真正看重的并不是金钱上的奖励，而是在工作中受到赏识或有责任感。

另一个有趣的例子来自以色列，该国曾出台了一项新规定，用以惩罚那些晚接放学孩子的家长。人们本来以为，运用经济惩罚手段会刺激家长们准时来接孩子，但实际情况却恰恰相反，在交出一笔小额罚款后，家长们对自己迟到一事的内疚感就减少了。换句话说，罚款或税收会以一种意想不到的方式改变人们的行为。

助推理论

各国政府正以不易察觉的方式，越来越多地运用行为经济

无情的经济学

学去改变人们的行为，我们可能会意识到，也可能会意识不到这一点。助推理论认为，通过对选择的呈现方式进行微小的改变，我们便很容易受到鼓励而做出某些决定。例如，如果你必须选择加入一项养老金计划，那么接受率是相当低的，而如果你必须选择退出，而选择退出时需要填写许多表格，要花费很长时间，那么你选择加入的接受率就会显著上升。请注意，这些形成对比的行为，其结果是相同的。理论上，一个理性的人在任何情况下都应该以同样的方式行事，但行为中的一个关键因素是默认选择，我们通常都会选择那条阻力最小的路，我们没有时间像经济学教科书中所假定的理性经济人那样去权衡每一项决策。同样，要成为器官捐献者，你可能需要携带一张卡片；但另一种方法是要求提供一张卡片，说明你拒绝成为器官捐献者的立场，换句话说，你必须选择退出。这种方法肯定会增加"选择"成为器官捐献者的人数。

在谷歌的办公场所中，过去常常有 M&M's 巧克力被放在

仅仅是给盛放 M&M's 巧克力的碗加上一个盖子，就能显著地降低消耗量。

社交媒体公司可能会以不那么有益的方式，通过推送通知或"标题党"内容来"助推"我们的行为。

敞开的篮子里供员工取食，但是后来，巧克力被试着放入带盖子的碗里了，这个小小的改变使得谷歌 M&M's 巧克力每月的消耗量减少了 300 万粒。这也许不足为奇——当很容易吃到零食时，人类的大脑往往会选择这种立即可得的奖赏，但只要设置一点点障碍，人们就会做出不同的选择。然而，这种冲动行为从来没有被标准的经济学理论捕捉到。

关于助推理论的争议

虽然上述事例可能看起来都不存在什么危害性，但助推理论很容易引起人们的不满。例如，社交媒体公司就了解到人类心理学中存在着某些奥秘，这些奥秘会让消费者陷入降低他们生活质量的行为之中。脸书等公司曾成功地开发出一些应用程序，使用户认为他们经常需要去查看。红色的通知按钮吸引着我们的注意力，它将一些"标题党"内容推给我们，而这些内容总是让我们难以忽视并不停上下滚动屏幕。很多人承认其实自己并不愿意在社交媒体上耗费这么长的时间,这并不会让他们真正感到快乐,但是各大公司构建商业模式的底层逻辑却都是让人们尽可能长时间地保持在线。

  这并不是说个体完全就是不理性的。事实上,有时走捷径是理性的,这并不是为了评估每一个决定,而是为了让生活更简单。然而,在创建经济模型来预测经济主体的行为时,牢记下面这一点是很重要的:在相当长的一段时间内,多数人的行为都可能是非理性的。从17世纪的郁金香狂热到20世纪90年代科技股的暴涨,资产价格已出现过多次大起大落,而且很可能还会出现更多次——所以我们从众时,千万要当心!

第40章

道德风险

如果一个经济主体因为成本会由他人承担而有动机去实施一项冒险的行为,那么这就是道德风险所指的情形。

举个例子,如果人们已为自己的财产投了全额保险,就会觉得没太大必要去确保它不被损坏。如果你为手机投了全额保险,你可能愿意带着它坐过山车,以便拍下一张动作照。反正即使你的手机掉落了,保险公司也会赔偿。但是,如果你没有为手机投保,你就不会去冒这个险。

道德风险

银行的冒险行为

政府救助反而鼓励了冒险行为

过度的冒险导致银行亏损

政府紧急救助(政府"不能允许"银行破产)

道德风险是指人们被鼓励去冒险。

1929 年 10 月 24 日，华尔街崩盘。

对于保险公司来说，这就是一个问题，因为一旦其提供了全额保险（产品），消费者行为就可能发生变化，从而会提高保险费用，使其高于正常风险规避行为之下的保费水平。最差的情况是，保险公司根本不愿意提供保险。保险公司会尽量避免提供 100% 的足额保险，却会要求被保险人每次提出保险理赔时都必须额外支付一笔费用，比方说 50 英镑，其原因也正在于此。这笔强制的额外费用（加上提出理赔的烦琐程序）足以确保消费者在使用保险公司的保险产品时足够小心。

银行业的道德风险

与道德风险有关的最危险的事例也许就发生在银行业。出于各种原因，各国政府都会声明其将保护银行客户的存款。这是很有道理的。如果储户知道无论发生什么事，他们的银行存款都是安全的，那么他们就会对银行体系抱有信心，从而将防止"银行挤兑"的出现，即人们不会在银行破产前扎堆取出所有的现金。在20世纪30年代的大萧条期间，美国就曾发生过这种"银行挤兑"。股票市场的下跌使得人们纷纷去银行取现，但是银行却没有足够的现金来满足这一需求，进而导致人们丧失了信心，他们就算排长队也要取出自己的钱。这期间有500多家银行宣告破产，从而使人们失去了他们的积蓄。在这次经历之后，美国政府一直承诺对储蓄加以保护，而美联储则充当着"最后贷款人"的角色。然而，如果银行知道其会得到政府的紧急救助，它就有动机做出冒险的金融决策。对于私人银行家来说，如果他们采取冒险行为并取得了成功，就可能会额外大赚一笔；不过，就算没能成功，那也是别人的问题，银行可以宣告破产以寻求紧急援助。

这些不正当的动机是全球金融危机背后隐藏的一项重要因素，此次危机始于2008年的信贷紧缩。21世纪初，很多银行家和按揭贷款的销售人员都有冒险的个人动机，在长达几年的时间里，随着房价的上涨及新的按揭贷款数量的飙升，他们都从巨额奖金中获益。然而，这种"不义之财"让银行承担了太多的风险，泡沫最终破裂，银行体系中不良贷款的严重程度最终被广为人知。各家银行都开始面临流动性冲击。为了捍卫金融体系，世界各国的政府都不得不出手救助银行。因此，为私人银行家所冒风险买单的，是普通的纳税人。

医疗保健行业中的道德风险

与道德风险有关的另一个样本发生在医疗保健行业。在英国，国民医疗服务体系中的医生都清楚他们手头的预算有多少，他们知道预算有限，所以需要向病人定量配给医疗服务，因此，他们不会选择那些花费很贵且成功率很低，或仅能给生命质量带来极小改善的治疗方法。然而，在以私人保险为基础的美国的医疗体系中，医生没有任何预算，病人治疗的费用都是由外部保险公司买单的，所以，如果医生认为一项耗资高达100万美元的治疗方案可能仅有0.5%的成功机会，他也可能会赞同实施这一治疗方案，因为他并不直接承担任何成本，买单的将是保险公司（它们很可能并不知道成功的概率那么低）。乍一看，我们可能会觉得，美国的体系更好，因为我们都想得到竭尽全力的治疗，哪怕治疗费用高昂并且不太可能成功。但是，任何事情都是有机会成本的，为无谓的医疗保健支付数十亿美元会增加每个人的医疗保险费用支出，而较高的费用可能意味着有些人没有保险，根本得不到任何治疗。这就是私立健康保险公司在同意支付治疗费用前，会力图获得更多疗效信息的原因。

政府中的道德风险

政府中也可能存在涉及道德风险的实例。一位政府官员可能会做出启动一个耗资巨大项目的决策，例如，建造一条高铁线路，当下这一决策在政治上颇受欢迎。然而，如果该项目在十年后变成了一个费钱的累赘，当初做出决策的政客也不会承担这一代价。他们已不大可能还在其位，而不得不为这一代价买单的，将是未来的纳税人。

环境方面的道德风险

作为社会的一员，我们可能决定忽视全球变暖等问题，因

第 40 章 道德风险

高铁线路可能是政府中存在道德风险的一个例子。

为我们都不想为天然气及电力支付更高的价格。然而，如果我们的不作为导致全球气候加速变暖，世界上的大部分地区将来就可能无法居住。问题在于，我们当前做出决定的后果要由子孙后代来承受。我们低估当前的决定对未来造成的后果，是因为我们并不会直接面对这些后果。在鼓励人们改变其行为时，道德风险是需要解决的一个主要问题。

克服道德风险

为了克服银行业存在的道德风险，政府可以让银行拆分其业务，这样，高风险的投资决策就不会与普通的银行存款挂起钩来。由此，政府就可以不为银行的全部业务提供担保——而只对储户的存款提供担保。此外，如果政府不得不为银行纾困，做出错误决定的银行董事应该承担后果，如果他们必须为亏损支付罚款，那么在冒险时他们就会更加小心。现在的问题是，当冒险行为侥幸成功时，他们能获得奖金，而当冒险行为失策时，他们却可以不承担任何成本。

第41章

现代货币理论

现代货币理论是一种非传统的宏观经济理论。该理论认为，控制货币的一国政府不应该受到政府借贷限制的约束，而应该创造资金为更高的政府支出融资。

增加货币供给用于融资的唯一限制，就是当经济达到满负荷运转且没有备用资源时。

现代货币理论（MMT）只适用于发行自己国家的货币并主要以本国货币开展借贷的国家，如美国、日本、英国和加拿大等。而像阿根廷和墨西哥这样借入外币（美元）的新兴经济体，不能轻易地通过印钞来填补赤字，这就是新兴经济体常常遭受

现代货币理论在金本位制度下无法实施。

债务危机的原因。印钞会引起通货膨胀与货币贬值，然后实施国将难以偿还以美元计价的债务。MMT也只适用于法定货币，即不以黄金等资产作为支撑的货币，这意味着货币的固定数量与一国的黄金储备相关。因此，在金本位制度（于20世纪30年代被废除）与布雷顿森林体系（在第二次世界大战后发展起来并于1971年被废弃）下，现代货币理论是无法实施的。

现代货币理论的激进之处在于，它认为政府不应当担心赤字，大规模的政府债务并不像一些财政保守派所认为的那样是经济崩溃前的警告。更为重要的是，政府的预算不应当像家庭预算那样也需要在月末进行平衡，因为与家庭不同，政府可以创造货币。现代货币理论的支持者指出，日本公共部门的债务与GDP的比值超过了200%，在过去几十年中，这种状况一直持续，并且几乎没有造成通货膨胀。

现代货币理论的逻辑是，如果一个经济体存在闲置资源，如失业人口，政府就应该印钞并创造就业机会——比如说，修

现代货币理论自2008年金融危机以来引发了广泛关注，但仍然存在很多批评者。

建基础设施。政府的就业保障措施是现代货币理论的一项实际应用。政府可以给想找工作但还没有找到工作的失业人员提供就业岗位,以创造货币的方式来为其发放工资。通过印钞,政府可以为原本多余的资源的使用提供资金。货币创造的唯一限制是没有闲置资源,在这种情况下,印钞不会使实际产出显著增加,而会造成通货膨胀。在发生通货膨胀的时候,现代货币理论的作用是微乎其微的,因为印钞会使货币贬值,并限制实际产出的增长。

在现代货币理论中,借贷本身可能变得多余,因为政府可以直接印钞,并直接将其用于财政支出,而不是向私人部门出售债券。现代货币理论的另一面,是它倾向于让中央银行设定零利率,因为发行带有利息的债券并不必要。这种主张相当激进,因为零利率会显著地将收入与财富从储蓄者手中拿出来,重新分配给借款者。

如果利率保持为零,政府就可以通过将税收和对过度垄断权力的监管相结合的方式来对抗通货膨胀。例如,如果通货膨胀率上升,政府就应避免使用货币政策,而应提高税收以压制人们过度的需求。在现代货币理论的模型中,货币政策就被财政政策所取代。一些现代货币理论家还认为,通货膨胀不仅是由需求过剩,还可能是由垄断企业利润的增长或者资产价格的飙升造成的,可能需要政府监管来防止价格欺诈。

在2008年的金融危机之前,现代货币理论是一个相对不为人知的经济模型。金融危机爆发后,全球经济陷入衰退,利率降至接近于零的水平。在这种情况下,英国和美国的中央银行使用量化宽松政策,创造货币来为部分政府借贷融资,通货膨胀率也一直保持在非常低的水平。这一经验表明,在适当的环境下，这一理论是正确的：增加货币供给以填补赤字是可行的。然而，这段零利率时期是一个特别的历史现象，在20世纪并无先例。在2021年到2022年，由于美国的需求过剩及成本增长等因素（如石油价格上涨），许多西方经济体的通货膨胀率突破了10%，在这种环境下，政府不必担心赤字的观点就行不通了，因为印钞会加剧通货膨胀的压力，会使通货膨胀率加速上行。

在某种程度上，现代货币理论与凯恩斯主义有许多相似之处，它们都认为在经济衰退时期，政府应设法利用好闲置的资源。凯恩斯主义者倾向于高借贷（尽管他们对货币创造也持开放态度）。两者的主要区别在于，现代货币理论强调货币创造，而不是将借贷作为一项普遍政策。一些学者认为，货币创造可以为某项耗资巨大的支出计划提供资金，如为全民医疗保健体系提供32万亿美元的资金。

然而，很多经济学家仍然批评现代货币理论的基本逻辑，他们认为，通过货币创造来为政府支出进行融资是错误的，因为这太容易导致通货膨胀了。从魏玛共和国到津巴布韦，历史上有很多因政府增发货币进而使得通货膨胀失控的例子。从理论上讲，像英国政府这样确实永远不会违约，因为它可以用印钞来满足借款需求。然而，这可能会导致通货膨胀性违约。印钞使债券与储蓄贬值，减少了经济体中很多人的储蓄的价值。尽管从技术上讲，这避免了通货紧缩，但造成的结果却是至少构成了部分违约。

此外，依靠增加税收来降低通货膨胀率在政治上是很幼稚的：在高通货膨胀期间，政府可能在思想观念上反对增税，也不愿意大幅提高税收。并且，零利率将推升资产价格，且会增

无情的经济学

印钞可以用于为政府支出融资吗？还是它只会导致通货膨胀？

加富人资产的价值。最后，人们对现代货币理论还有其他的担忧，即增加货币供给来为政府支出融资将对更高效的私人部门产生挤出效应。

第42章

幸福与经济学

传统经济学家通常认为,收入越高,幸福感越高。

实际上,传统经济学家更喜欢使用"更高效用"这个术语(来自边沁和穆勒等功利主义哲学家)。这种逻辑是可以理解的:在低收入与高收入之间做选择时,绝大多数人会选择高收入,因为这使我们能够购买更多的商品与服务,至少在短期内,我们可以将其与"更幸福"联系在一起。在国家政策方面,财富与幸福之间的这种联系导致人们将 GDP 的最大化作为经济政策的首要目标。同样可以理解的是,如果对居住地进行考量,GDP 较高的国家往往比 GDP 较低的国家更受人们欢迎。然而,在最近几十年中,经济学家们越来越意识到,传统的经济绩效

1950—2020 年美国的实际人均 GDP

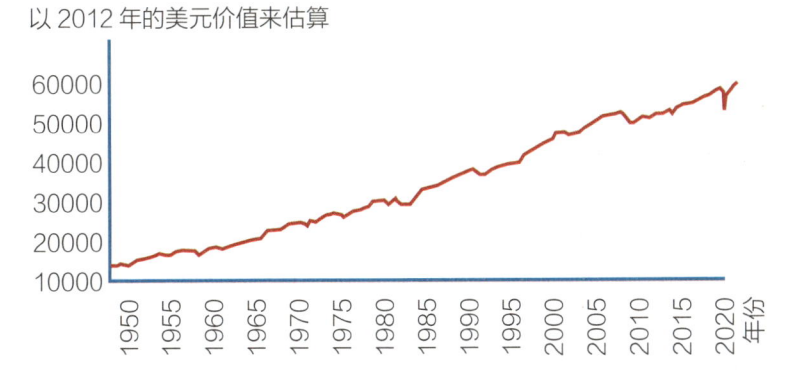

以 2012 年的美元价值来估算

衡量指标忽视了一个更基本的问题：它们是否提高了人类的幸福感与福利？

1950年，美国的实际GDP为2.186万亿美元。到2022年，该数字已达到19.727万亿美元。2022年美国的人均收入则是1950年的9倍。一个重要的问题是：人们会因为实际GDP的增加而感到更加幸福吗？当我们提出这个问题时，我们立刻就能看出将GDP作为生活水平与幸福感衡量指标的局限性。一方面，衡量幸福感的程度是相当困难的，我们可以进行民意调查，可以去询问他人，但这种做法却很难得出客观的评价。另一方面，我们可以选择关注能够提升幸福感的指标，包括失业水平、住房质量、休闲时间、环境质量、预期寿命及教育水平。当我们开始让经济政策以幸福感为导向时，相比GDP最大化和收入增加的片面目标，它就会变得更加复杂，并更具挑战性。

GDP是否可以提升幸福感

更高的GDP确实有助于提升一定的幸福感。对于发展中国家来说，GDP的增长与绝对贫困水平的降低有着密切的联系。150年前，美国和英国的最低工资水平几乎不能满足人们最低生活水平的要求，是经济增长从根本上改变了这种状况。1981年，全球有40%的人口每天的生活费不足2.15美元，到了2018年，这一比例下降到8.7%，这就是经济增长带来的实际好处，它使绝对贫困人口减少了。更高的GDP也使得各经济体能够收缴更多的税收，并且能够在医疗保健、教育和环境保护等公共服务领域支出更多。这些公共服务可以增加人们的就业机会，提高人们的受教育水平与幸福感。

然而，更高的GDP并不能保证一定会提升人们的幸福感。

随着 GDP 的增长，国家往往会面临更高程度的污染问题，世界也要努力应对全球气候变暖带来的危害。此外，经济增长还可能会带来新的问题，例如，犯罪率上升（更高的增长可能造成更多的物品失窃）。交通拥堵的加剧与土地压力问题的日益严峻也成了近年来经济增长面临的重要课题，这种状况还推高了租金价格，尤其是在大城市。虽然经济增长创造了更多的财富，但是这些财富只集中在少部分人手中，这就意味着很多家庭是无法享受到这些好处的。

伊斯特林悖论

根据理查德·伊斯特林的研究，当一个贫穷的国家变得富裕时，国民的幸福感通常都会提升。然而，在达到一定的收入水平之后，其幸福感就会停止续增。换句话说，我们在中等收入水平时达到了幸福感的顶峰，之后进一步的收入增长对提升幸福感就没有任何作用了。伊斯特林的研究主要是以美国为基础开展的，据美国的新闻报道，其 GDP 的增长并未给人们带来更高程度的幸福感。为什么幸福感会随着 GDP 的上升而趋于平稳呢？

这里存在着人们所知晓的收入的边际效用递减这一现象。当你缺少足够的钱去购买食物时，获得额外的收入会极大提升你的幸福感。而如果你已年入 100 万美元，那么你就能买到你所需要的绝大多数东西，所以此

理查德·伊斯特林。

无情的经济学

伊斯特林悖论

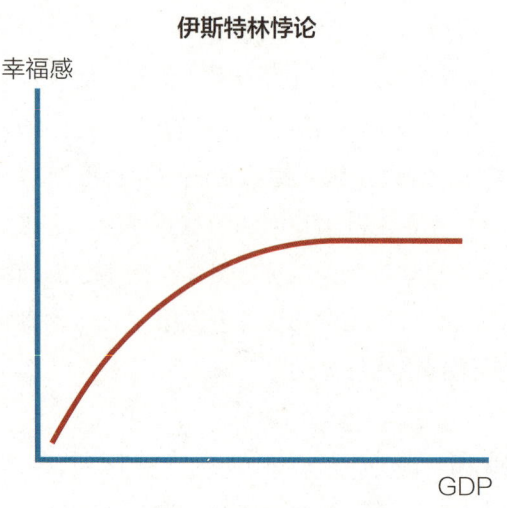

幸福感

GDP

GDP 的增长会将幸福感提升到一个特定的水平。

时即便你的收入又增加了 20%，你的幸福感也不太可能因为自己可以购买更多的商品而有大的提升。就算你再添置一辆车，幸福感的提升程度也是很有限的。

财富的问题

财富的另一个问题是它带来了自己的问题。西方生活水平的提高导致了各种富裕型问题出现——充裕的高热量饮食与久坐不动的生活方式引发了肥胖、糖尿病和心脏病等各种健康问题。拥有更多的收入是好事，但倘若我们因此而购买不健康的食物，从长远来看我们就会吃到苦头。此外，一些国家是通过每周工作很长的时间和营造紧张的工作环境使 GDP 增长的，这使得我们尽管有了更多的钱，却没有时间去享用。还有另一个极端情况存在，即如果你超级富有并继承了一笔财富，你就可能不再需要工作，也会有很多的闲暇时间，但是如果丧失了生活目标，你可能会虚度光阴，并最终会去消费有害物品（如酒精、毒品），而这只会降低你的真实满足感。

早在 1930 年，经济学家约翰·梅纳德·凯恩斯就曾经预言，技术的进步将使他的后代每周仅需工作 15 小时，并将其余的时间都用在有益的休闲活动上。这是一个基于技术进步而构建的乌托邦式的理想。现在，我们已经拥有了可以实现这一理想的先进技术与生产力，但遗憾的是，要实现这个乌托邦式的理想，似乎还有很长的路要走。

相对性

较高的 GDP 带来的另一个问题是，很多人会用相对的标准来衡量他们的成功，例如，我比邻居生活得更好吗？而不断

不丹用以衡量国内幸福总值的指标

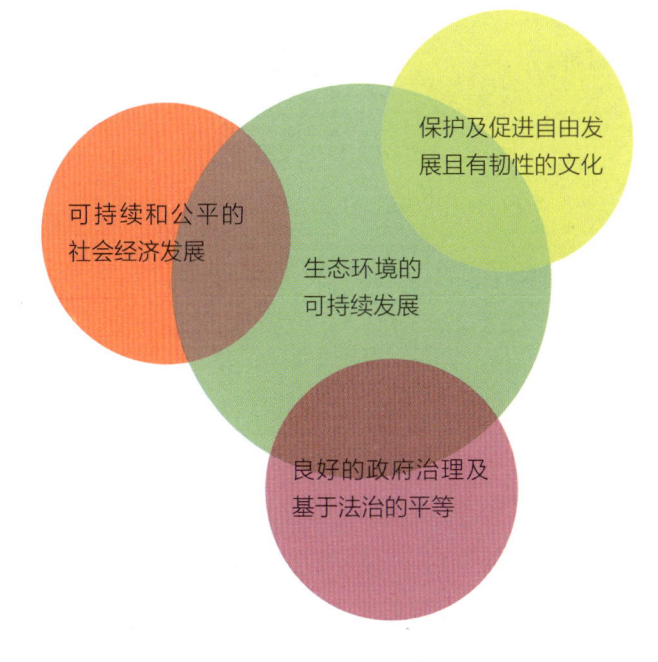

- 可持续和公平的社会经济发展
- 保护及促进自由发展且有韧性的文化
- 生态环境的可持续发展
- 良好的政府治理及基于法治的平等

增长的 GDP 并不能改变社会中人们的相对地位，它甚至可能会加剧社会的不平等，让人们感觉到自己被丢下了。

国内幸福总值

另一种衡量经济福利的方法是国内幸福总值（GDH）。它包含一系列影响社会幸福感的指标，其中之一是生活水平（收入），其他还包括文化多样性、生态多样性、环境保护文化、时间的合理利用、良好的政府治理，以及可持续发展等。GDH 在 2008 年被不丹采用，并受到佛教观念的影响。2019 年，新西兰也放弃了 GDP 这一衡量指标，转而追求幸福与福利，其新的预算主要都用在改善人们的心理健康、减少儿童贫困等方面，并以降低碳排放及向可持续经济转型为导向。尽管将幸福指标纳入经济学之中还有许多困难，但是它却很可能在未来成为主流，因为经济学正在逐渐远离传统的收入最大化与利润最大化的目标。

第43章

外部性

当经济主体在消费或生产产品的过程中对第三方产生了一定的影响时,外部性就发生了。

如果我们在自家后花园里种植有机蔬菜,那么成本与收益几乎完全都归属于我们自己,对邻居几乎不会产生任何影响。然而,如果农民通过使用杀虫剂和化肥来种植蔬菜,这种生产方式就可能会为社会其他组成部分带来成本。用于杀灭昆虫的杀虫剂可能会长期损害地球的生态系统。因此,从长远来看,运用传统的农业模式生产粮食会产生显著的外部成本。在自由市场中,这些外部成本并没有包含在价格里面,因此我们很容易过度生产具有这些外部成本的产品。就外部

杀虫剂可以增加蔬菜的产量,但是会造成环境污染。

无情的经济学

性而言，一个重要的概念是社会成本与社会收益。社会成本等于私人成本加上外部成本。以生产粮食为例，农民生产粮食的私人成本只包括原材料和劳动力成本，但社会成本将包括这些私人成本加上环境外部成本。

正外部性

外部性也可以是正的。例如，如果你决定为晚间的培训班付费以便学习一项新技能，你将获得资质提升的好处，还可能赢得加薪的机会。然而，旨在提升技能的培训不只会给个人带来好处，受过更好教育的劳动者也将使企业与整个经济体都受益。你改善工作技能的决定将有助于提高劳动生产率，促进长期的经济增长。因此，我们可以认为，人们接受教育的社会收益大于私人收益。我们还可以在生产商品的过程中看到正外部

成人教育课程提供了正外部性。

性。例如，如果一个主要能源生产商投资风能及太阳能等可再生能源，就会为社会创造正外部性，因为供给可再生能源将减少化石燃料的燃烧所产生的碳排放，并降低一个国家对外国能源进口的依赖。

外部性为什么很重要

问题是，在决定生产与消费什么时，个人很少会考虑到所有的外部性。例如，如果你正在思考该如何前往市中心，你就会权衡各种出行方式的成本与收益，然后可能会决定开车去。然而，如果大多数人都做出了这个决定，我们就会面临严重的交通拥堵，从而会使每个人都感到不便，其结果就是效率低下——我们都会在交通堵塞中白白浪费时间。而如果我们考虑到外部性，更具社会效率的选择则是鼓励人们采用其他的出行方式——骑自行车、步行、乘坐公共交通工具。为了让这种更具社会效率的出行方式得以实施，政府有必要调整市场价格以反映外部性。

这些措施包括收取拥堵费，让驾车者承担进入市中心的真实社会成本。例如，旅途中的汽油费用可能为 3 英镑，但是驾车进入伦敦的外部成本大概是 15 英镑，所以拥堵费可以被设定为 15 英镑。这就意味着，驾车者最终需要支付总共 18 英镑——私人成本加上外部成本。从收取的外部成本中获得的收入可以用来改善公共交通设施，或者提供免费的自行车租赁服务，这两种交通方式都具有正外部性。相对于驾车而言，降低其他交通方式的成本有助于让整个交通模式变得更高效，还能避免产生最严重的拥堵（与污染）。

无情的经济学

克服外部性

对外部性征税被称为"外部性内部化"。这是因为,征税之后我们支付的价格更准确地反映了全社会的成本,而不仅是私人成本。这一税种是以经济学家阿瑟·塞西尔·庇古的名字命名的,有时也被称为庇古税,庇古在其著作《福利经济学》(1920年)中详细阐述了外部性的概念。庇古以饮酒为例对此进行了论证。他认为,过度饮酒给社会造成了很大的外部成本——医院门诊量增加、犯罪与混乱现象增多,以及警务费用上升。因此,对酒精与香烟这样的商品征税就有经济上的充足理由。幸运的是,从政府的角度来看,这些税收将成为财政收入的重要来源,因为这类需求是缺乏价格弹性的——提高价格只会让需求小幅下降。

阿瑟·塞西尔·庇古。

然而,征税与补贴并不是解决外部性问题的唯一方法。例如,政府可以运用行为经济学来阻止人们使用商品。禁止香烟广告和隐藏香烟售卖点就是一些尝试,这类做法可以增加人们购买香烟的难度,从而达到降低需求的目的。同样地,政府可以要求厂商在"不健康食品"上放置警告标签,以阻止人们冲动性购买。

此外,个体并不总是会忽视外部性。例如,基于利他主义或者培养更好的品牌形象的愿望,企业可能会选择更环保的生产方式。例如,停止在动物身上进行实验的化妆品公司,就会看到其品牌形象获得了改善。

第 43 章 外部性

对酒精饮料征税有助于解释其负外部性。

对外部性进行衡量会面临的困难

一些关于外部性的决策相对容易衡量。例如，在交通拥堵方面，我们可以尝试衡量平均等候时间的成本，并为时间设定一个值。然而，另外一些外部性则较难衡量。例如，建造一座核电站的外部性是什么？支持者可能会认为，它具有正外部性，因为它可以减少碳排放并提供能源安全。然而，从另一个角度来看，核电站也存在着巨大的风险，如切尔诺贝利或福岛的核事故就都带来了灾难性的外部成本。由于不确定性的存在，我们很难为这个决策设定一个外部成本值，因为我们只能在以后的某个时间知道结果。对于海洛因或可卡因等商品来说，试图通过税收将外部性内部化的做法就不太合适了，因为它们对个人造成的伤害太大了，完全禁止要比征税的做法更为恰当。

无情的经济学

切尔诺贝利事故发生后的消毒工作。

尽管如此，外部性仍然非常重要，因为它们是完全自由市场的重要限制因素。根据定义，自由市场将使个人与企业能够忽略外部性的存在，这可能对社会福利造成严重的损害。生产和消费中的外部性越多，就越需要政府干预或自我监管来改善人们的福利。

第44章

碳定价

碳定价是通过让生产者与消费者为碳排放的外部成本买单来缓解环境污染的一种政策。

碳定价的原则是"污染者应当承担污染的代价"。(在1992年里约环境峰会上,该原则被确立为国际法。)

在自由市场中,燃煤发电会产生负外部性,例如,二氧化碳排放会导致全球气候变暖。这些负外部性将由全世界及我们的子孙后代来承担,因为我们决定烧煤,他们的生活水平将会下降。问题是,所有这些外部成本并不是由企业和消费者承担

燃煤电厂。

的。因此，煤炭的市场价格远低于实际的社会成本。

社会成本

这就是碳定价的用武之地。如果我们能给碳排放厘定一项经济成本，那么逻辑上就应当对煤炭进行征税，税额就相当于这项外部成本。假设燃煤发电每千瓦时（kWh）的成本是 10 英镑，但是我们估计二氧化碳污染的负面影响为每千瓦时 5 英镑，税收就会使燃煤发电的价格增长 50%，达到 15 英镑。现在消费者就需要支付全部的社会成本。社会成本既包括私人的资金成本，又包括燃煤发电对他人及环境造成的潜在影响。在经济学中，我们就认为外部性已经被内部化了，因为我们现在支付的价格已经包含了碳排放的各项成本。

安装太阳能电池板。

第 44 章 碳定价

碳排放税

社会边际成本 = 供给 2

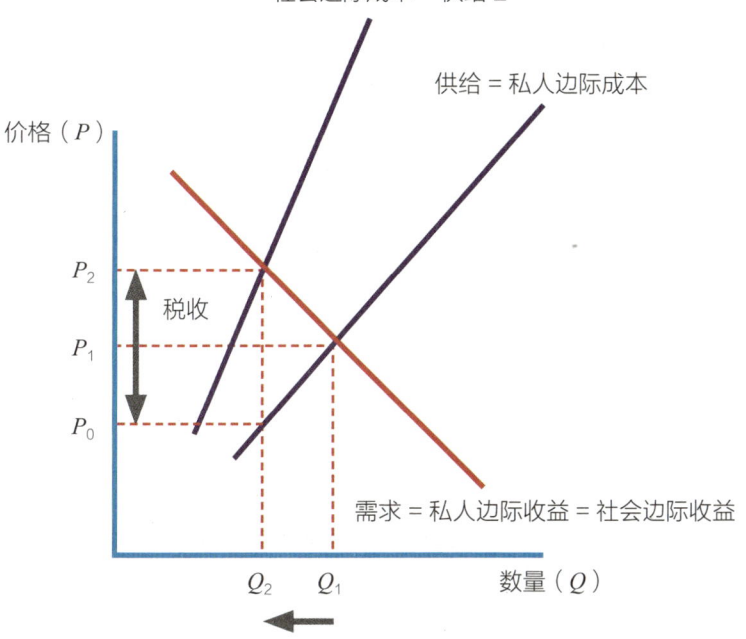

供给 = 私人边际成本

价格（P）

P_2

税收

P_1

P_0

需求 = 私人边际收益 = 社会边际收益

Q_2 Q_1 数量（Q）

目的是增加税收，以便消费者支付社会边际成本（SMC）。

这个政策的优势在于，外部性被内部化以后，我们就需要支付煤炭的社会价格，所以人们就有很强的意愿去节能减排。随着煤炭价格的上涨，能源企业将产生转向风能或太阳能电池板等可再生能源领域的动力，消费者也将有意愿减少用电量，并可能考虑安装太阳能电池板。在短期内，煤炭的需求弹性可能不大（只会导致需求小幅下降）。即使汽油价格上涨，我们仍会购买，因为我们需要用油。然而，税收持续的时间越长，它就越能激励企业与消费者改变他们的行为。我们不会立竿见影地对价格的上升做出反应，但是下次买车时，我们就可能想要购买电动车而非汽油车了。此外，随着时间的推移，较高的能源价格还可能会鼓励家庭在房屋隔热或太阳能电池板安装上花钱。

这项税收的不利之处体现在,它可能会对煤炭行业造成冲击。随着需求的下降,企业可能会裁减员工。然而,虽然这种碳定价有可能会在煤炭业逐步被淘汰的过程中造成一些暂时的结构性失业,但在可再生能源等替代能源领域,将会创造出新的工作岗位。

税收中性

碳定价在政治意义上可能不受欢迎,因为消费者要面对较高的价格,企业要面对较低的利润。然而,碳定价的设计初衷并不是要增加总体税负,而是要将税收转移到造成污染的生产与消费领域。例如,假设政府从新的碳排放税中获得了 20 亿英镑,它便可以用这笔税收去冲减相当于 20 亿英镑的增值税。总的来讲,消费者支付了相同水平的税收,只是其来源不同罢了。在加拿大,政府引入了一种形式的碳定价(被称为污染定价),使能源账单的金额更高了,但政府会将这项新税收的 90% 的金额返还给居民家庭作为税收补贴,因此,总体上居民家庭的可支配收入大致相同,但是他们却会有更强的意愿减少用电量。那些愿意调低暖气温度以减少用电量的家庭可以免交一部分税收,但仍然可以获得退税,理论上会更好。碳排放税在政治意义上的成功可能取决于二氧化碳税收益的再分配是否高效和可见。

征收碳排放税的好处是,我们不需要立法规定人们能消费什么,不能消费什么。如果一居民家庭真的想环游世界,他们可以去,但是碳排放税会使旅行的代价更高。因此,对机票征收碳排放税将使人们更愿意在家附近度假。这确实需要政府通过征税进行干预，但这仍然吸引着以市场为导向的经济学家，他们认为生产与消费多少在本质上是由市场决定的。这比规定企业应该生产什么和如何生产的干预主义方法更加简单。

碳排放税存在的问题

对于碳排放税，一种批评观点是，它对低收入家庭的影响会更大。例如，较高的供暖费用可能会使贫困与年迈群体的生活难以为继，而富人却不受影响，富人对于高价会不以为然。然而，因为不平等便停止实行碳定价实不应该，必要时，碳定价的收益可以通过减轻低收入群体的税收负担来减少不平等。最重要的是，每个人都会从碳排放的减少与环境改善中受益。

更令人担忧的一点是，一个国家实行碳排放税可能会使其生产迁移到没有实行碳排放税的国家，事实上这个世界已经开始向那些最需要投资的国家出口污染了。例如，如果澳大利亚

航空公司很难逃避对航班征收的碳排放税，但并非所有行业都是如此。

对矿产开采征收碳排放税，就可能会为那些没有实行碳排放税的国家创造竞争优势，并导致采矿业的生产活动迁移到那些没有相关法规的国家。然而，大多数碳排放税都可以对消费征税，即通过对最终用户征税而不是对生产者征税来解决问题。

碳排放税存在的另一个潜在问题是，它比较难以管理与控制。首先，很难确定二氧化碳排放所产生的真实的外部成本——这取决于我们都要考虑哪些问题。其次，更为棘手的是对碳排放情况进行追踪，高额的碳排放税会促使企业与消费者通过秘密进行碳排放来避免纳税。航空燃油税等某些税种是很难避开的，但是其他类型的碳排放税却可能会为企业提供隐匿排放的空间，如欧洲的汽车行业就曾篡改过燃油排放的统计数据。

关于碳排放税的最后一点是，一些环保人士认为，他们做得还不够。如果全球气候变暖对地球上未来的生命构成了重大威胁，我们就不应该信奉市场调节机制，允许碳排放持续存在，而是应当立即关闭燃煤电站，强制人们使用可再生能源。碳排放税的支持者可能会反驳说这没有必要，因为真正重要的是设置合适的碳排放税水平，只要将其值设定得足够高，煤炭业将被迫倒闭。

第45章

石油与替代能源

有充分的理由证明，石油是世界上贸易量最大的商品，它是目前所有经济活动中必不可少的成分。

石油及其衍生品构成了现代交通运输的基础，并且其在塑料制品、加热及发电等诸多领域都有着用武之地。

石油的弊端

我们对石油的依赖存在着很多弊端。首先，石油的价格是不稳定的，市场需求的变化会导致其价格大幅波动。然而，至少在短期内，石油的供给是缺乏弹性的。当石油价格上涨时，生产者难以（或不一定想要）通过迅速增加供给来应对。开采新的油井，将原油供应到市场，再将原油提炼成制成品都需要时间，这就会导致石油的价格飞涨，让消费者在加油站支付更多的钱。

石油的更大问题则在于其消费的负外部性。使用石油会造成污染：汽油与柴油燃烧所产生的废气是造成大城市空气污染的罪魁祸首之一，它还会引发各种健康问题，例如，哮喘与肺病。这是使用石油造成的局部代价，但更大的问题则是二氧化碳排放所导致的全球气候变暖，这已经在世界各地引发了许多经济及社会方面的问题。问题是，决定着石油的供给与需求

无情的经济学

石油生产国无法或不愿意迅速增加供给以应对油价上涨。

的市场力量却没有被考虑进这些外部成本之中,由此造成了社会效率低下的结果,即市场不顾对地球造成的损失而持续在消费着石油。

有关石油的另一个问题是,其生产主要由石油输出国组织(即 OPEC)的少数国家进行控制,因而,这些生产国在经济上与政治上都拥有一定程度的影响力。在油价上涨期,石油进口国就会面临经济与政治上的难题。例如,在 2022 年油价飙升后,斯里兰卡就没有能力进口石油了,这导致该国陷入了严重的经济混乱之中。

石油的替代品

自 20 世纪 70 年代第一次石油危机爆发以来,世界上出现了越来越多的石油替代品,如电力和电池供电的能源。随着石油价格上涨,生产商愈发有意愿去投资开发替代能源。此外,石油价格上涨也刺激了能源效率的提高。在 20 世纪 60 年代,美国的汽车以不经济而闻名——汽油价格太便宜了,汽车的燃

第 45 章　石油与替代能源

油效率高低根本就不重要。但是，随着石油供给的受限及油价的上涨，消费者便想要购买更节能的汽车了。结果到了 2022 年，石油在经济中所占的份额就比 20 世纪 70 年代变小了。它虽仍然是贸易量最大的商品，但其价格上涨的影响力不如以前了。

可再生能源价格的下降

一个值得注意的、有趣的现象是，随着对可再生能源需求的增长，可再生能源效率的提升已超出了很多人的预期，从 2009 年到 2019 年，全球太阳能发电的平均电价已从每兆瓦时（MWh）359 美元下降到了 40 美元。

太阳能发电的价格为什么会下降得这么快？这是多种经济行为联合作用的结果。一方面，规模经济效应。当产量较低时，

太阳能发电厂。

无情的经济学

特斯拉电动汽车。

平均成本往往较高，但随着生产规模的扩大，在更大的工厂里大规模地生产太阳能电池板就变得更加有效率了，于是平均成本就降下来了。另一方面，学习曲线。随着企业生产出更多的太阳能电池板，企业就可以从以往的经验中学习，并找到降低成本、开发新技术及提升效率的方法，这就会导致价格下降与产能扩张，于是，随着产量的持续增加，企业就能继续习得更高效的生产方法，进而这些微小的渐进性收获就会不断累积。在发展的初期，太阳能产业确实获得了政府补贴。事实上，太阳能最早是用在太空中的卫星上的。在20世纪60年代，太阳能对于任何普通用途来说都是不经济的。但是，政府对这一利基用途的支持使太阳能产业站稳了脚跟。现在，生产太阳能电池板已经不再需要政府补贴了，因为市场力量正在帮助降低太阳能发电的成本。

为什么转型仍很困难

2020年，利用风能和太阳能发电的价格已经比煤炭与石油这类旧化石燃料更便宜了，那么为什么我们仍然依赖石油和化石燃料呢？原因就在于，发电成本并不是唯一的决定因素，还要看基础设施能否支撑得起去石油化的转型升级。虽然电动汽车的行驶成本比燃油汽车要低，但是购买一辆新的电动汽车仍需一笔巨大花销，只有高收入家庭才会予以考虑。对卡车、飞机与船舶等许多运输工具来说，它们所需要的原动力意味着目前电池供电的能力仍然是不足的。能源转型困难的另一个制约因素是土地方面的压力。来自内陆的风能是最便宜的能源之一，但是它需要大量的土地，人口稠密国家的国民可能会因此而不愿意接受风能，太阳能也是如此。

然而，考虑到减少石油消费所能带来的环境方面的收益，人们希望市场力量与技术进步可以让可再生能源在更广泛的使用范围内更加适用。鉴于过去一段时间里可再生能源一直都在不断改进，我们很可能会看到可再生能源拥有越来越大的竞争优势。然而，那些关心环境的人们认为仅仅依靠市场力量是不够的，我们需要做个规划，通过限制化石燃料和补贴可再生能源的使用来加速这种转变。

第46章

沉没成本谬误

沉没成本谬误是指这样一种观察结果：人们会因为过去的投资而犯继续进行一个项目的错误，从而忽视了一个事实，即更理性的方法是忘掉过去的投资并取消该项目。

不可回收成本

沉没成本就是不可收回成本，它是我们已经完成的投资，是无法追回的。例如，如果一家企业将1亿英镑投资于新的个人计算器研发项目，这项研发费用就是沉没的，企业无法追回这笔投资，因为一旦支付了员工的工资，这笔钱就无影无踪了。然而，在研发了几年新的个人计算器产品后，企业可能才意识到自己犯了一个错误：个人计算器产品市场正在下滑，因为消费者现在更多地使用智能手机进行计算，而不需要再单独购买计算器。但是，如果这家企业已经完成了研发项目进度的50%，它该怎么办呢？再花费1亿英镑将计算器推向市场吗？而据估计，销售收入将仅为7000万英镑——从这时起，净亏损3000万英镑。

因此，一个理性的企业会决定立即终止这个项目，并接受过去投资的1亿英镑成为损失的事实。然而，在现实世界中，

第 46 章 沉没成本谬误

如果一家企业已花费了大量的资金投资计算器项目，却可能才意识到，智能手机的问世已经使人们不再需要他们的产品——那么这笔投资就是一项沉没成本。

授权开展该项目的企业管理者却可能对投入的 1 亿英镑一无所获这件事感到恐惧，因此，他会让该项目继续进行——即使这样做将造成更大的损失。这就是沉没成本谬误，即过去的投资影响了当前的决策。若项目现在停下来，企业只损失 1 亿英镑，而若项目继续下去，则企业不只会损失 1 亿英镑，还要多损失

协和式飞机是沉没成本谬误最著名的例子之一。

无情的经济学

因计算器销售不佳而形成的 3000 万英镑，净损失总计将达到 1.3 亿英镑。但是对企业高管来说，其真正难以释怀的是浪费了 1 亿英镑的投资以及承认做出了一个糟糕的决策。

协和式飞机

另一个与沉没成本谬误有关的典型事例是协和式飞机的研发。在 1962 年，研发这架飞机的初始成本为 7000 万英镑，而到了 1976 年，其成本便巨增到了 15 亿英镑。不仅如此，当时石油价格也开始大幅上涨，这使得协和式飞机更缺乏吸引力了，因为它的燃油效率非常低。此外，飞行中存在的音爆现象以及人们对其安全性的担忧也让有意愿的买家退出了交易。协和式飞机是永远不会盈利的，必然以亏损状态运营，其开发成本则由英、法两国的政府来承担。随着成本的不断攀升与市场条件发生了变化，在造成更大的损失之前停止运行这一亏损项目才是理性的选择，但是，由于已经投入了巨量的资金，且它已经成为英法合作的象征，两国政府并不愿意放弃该项目，飞机的开发及建造只得继续进行下去。协和式飞机从正式服役直到 2003 年退出，一直都没有收回初始的投资成本。

个人沉没成本

在个人层面上，沉没成本问题可能会以多种方式出现。假设你购买了健身房的月度会员卡，但是一个月后你却感觉身体不舒服，如果你没有支付任何会员费，你甚至都不会考虑再花钱去健身房了，但就因为你已经支付了会员费，你觉得自己还应该去——为了物有所值。既然已经支付了 40 英镑，你如果不去，那这笔钱就白白浪费了。然而，为了使你的效用达到最

第 46 章 沉没成本谬误

大化，你确实应该扪心自问：我去健身房会感到满意吗？如果你感觉不舒服，去健身房只会让你感觉更糟，你应该忘掉已支付了 40 英镑的事实，并认识到去健身房只会让自己的身体感觉更不舒服。

假设你在市中心购买了一套价值 10 万英镑的公寓，而现在却有机会搬到更理想的郊区，购买一栋价值 15 万英镑的房子以便居住。你差不多有足够的钱买下这栋标价 15 万英镑的房子，但问题是，市中心的房价在新冠疫情后下跌了，有人向你出价 9.3 万英镑，可你却不愿意亏本出售，你觉得应该等到价格再升至你最初购买时的 10 万英镑再卖。然而，如果你等待房价恢复到沉没成本即 10 万英镑，那么这次搬家的机会可能就错过了。这就是我们在决定卖房时，不应将购房的初始价格作为决定因素的理由，关键问题应是：现在比较合适的价位

一经购买，健身房的会员年卡就成了沉没成本。

是多少？如果你购买股票后股价下跌了 10%，卖出股票并接受这 10% 的亏损，可能比冒着未来遭受更大损失的风险要强。

沉没成本谬误真的是一个谬误吗

　　经济学教科书假设企业最重要的目标是实现利润最大化与资金回报最大化。在这种情况下，常常会发生沉没成本谬误，因为管理者们宁愿损失更大，也不愿意中途停止投资项目。然而在现实中，利润最大化并不是人们追求的唯一目标。从开发个人计算器的企业的角度来看，中途停止这个大型项目可能会导致企业声誉受损，人们可能会嘲笑一家投入了如此之多资源然后却半途而废的企业，而如果企业继续开展该项目，则对其声誉的好处没准能使其经济损失变得值得。

沉没成本有可能拖累企业。但如果人们不只是为了盈利，鉴于投资带来的其他好处，较大的财务损失有时也是可以被接受的。

第 46 章　沉没成本谬误

假设一家企业投资了数百万英镑用于推广一个新品牌，这些广告费就是沉没成本。如果这个品牌出师不利，企业决定立即放弃它，这在消费者看来并不光彩。有时，即使会产生净财务损失，企业也会认为保持形象非常重要。协和式飞机项目就是这样，开发这么一款享有盛誉的超音速飞机的确促进了英法两国技术的进步，即使在几十年后，协和式飞机仍然是世界上最具辨识度的飞机，仍在激发着人们的想象力。这些都是无法用损益表来衡量的好处。

我们最后来看看去健身房这类人的选择到底如何？我们为什么会同意办理月度健身房会员卡或者提前购买多节外语课程呢？答案是，如果我们已提前支付了一整年的费用，那么即使我们不想去健身房，也会有动力去了。换句话说，我们寄希望于年度健身房会员资格的沉没成本能对自己产生影响。如果我们每次去健身房都需要付费，那么我们就会有理由索性不去了，但是提前付款成了一种激励手段，它让我们尽量把钱花得物有所值。

因此，当沉没成本对我们不利时，我们当然应该主动忽视它，但同时也应该认识到，利润与损失并不是我们需要考虑的唯一因素。

第47章

卢德谬论

当一名工人因新技术的发展而失业时,一种合情合理的观点是,技术进步导致了失业。

认为新技术导致了整体失业率上升的观点是错误的观点,因为这一观点只看到了整体中的局部情况。

新技术是如何创造工作岗位的

当新技术被引入经济中时,确实有一些劳动者会失去他们的工作。如果一家超市引入了自助结账机,人工收银台的员工被解雇了,他们很可能会自然地将其失业归咎于新的自助结账机。然而,这一新技术对经济还产生了许多影响。首先,技术的研发及制造本身就创造了就业机会,因此,虽然超市的工作岗位可能有所减少,但是在信息技术与软件开发领域,却会产生更多的就业机会。其次,新技术的背后还隐藏着另一个作用,有了新技术,超市就可以雇用较少的员工,其平均成本就会下降,企业便可以降低商品的价格。容易被我们忽略的一点是,如果普通家庭每周在购物时都能享受较低的价格,那么他们就能拥有更多的可支配收入,而有了更多的可支配收入,他们就能够在出游、休闲及娱乐方面花费更多,从而带来连锁反应,使新的就业机会在这些新的行业中产生,因自助结

第 47 章 卢德谬论

自助结账机。

账机而失去工作的超市员工也能够很快在其他行业找到新的工作机会。

过去的 200 年与失业

另一种研究卢德谬论的方式是考虑过去 200 年发生的所有技术进步的情况，并探究在这个时期，失业率出现了怎样的变化。考虑到周期性的经济波动，这段时期的总体失业率一直维持在相似的水平。当然，社会经济的本质已发生了翻天覆地的变化。200 年前，90% 的劳动人口都从事农业生产，但是在现代，农业机械已经使得这些劳动力变得多余了，这些不再从事务农工作的劳动者都迁移到了工厂与城镇。但是，持续的技术进步导致这些工作中的大多数最终被机器和更高的生产率所取代。技术不断提高着生产率，社会的平均收入在持续增长，这

无情的经济学

卢德分子破坏新式机器。

就使我们能够花更多的钱购买种类更加丰富的商品与服务,进而带来收入的持久增加,创造新的就业机会。

卢德谬论得名于19世纪的一群纺织工人,他们认为,取代了传统手工制衣方法的新式纺纱机对他们构成了威胁。确实,这些工人失去了工作,但是如果我们还停留在1800年时的技术水平,那么可供我们选择的服装品类将大大减少,我们的生活水平也会显著降低。在过去100年里,涌现了大量整个行业都被新技术淘汰的实例,这导致大量工作岗位消失——但是这些变化所造成的失业都只是暂时性的。

这次不同了

卢德谬论的有趣之处在于，尽管每次总体失业率都不太会受到新技术的影响，但我们仍然存有担忧，认为这一次的情况会有所不同。例如，人们担心人工智能及功能强大的机器人将会取代熟练工人的劳动，而司机、护士、医生与会计师等以往不会受到新技术影响的劳动者，现在也面临危机了。实际上，没有哪种工作能够逃避技术进步的影响。但是即便发生这种情况，同样的逻辑也应该适用。有了机器人的参与，我们可以省下大笔金钱，如果我们不需要向医生与会计师支付费用的话；许多商品的价格将持续下降，我们能够享受更高的生活水平，为新型服务付费或只是单纯享受更多的闲暇时间。成本的降低与可支配收入的增加将促使让人们意想不到的新行业诞生。一些高收入群体宁愿花钱聘请人类教师或医生，也不愿意使用没有灵魂的机器人产品。关键在于，新技术及更高的生产率为经

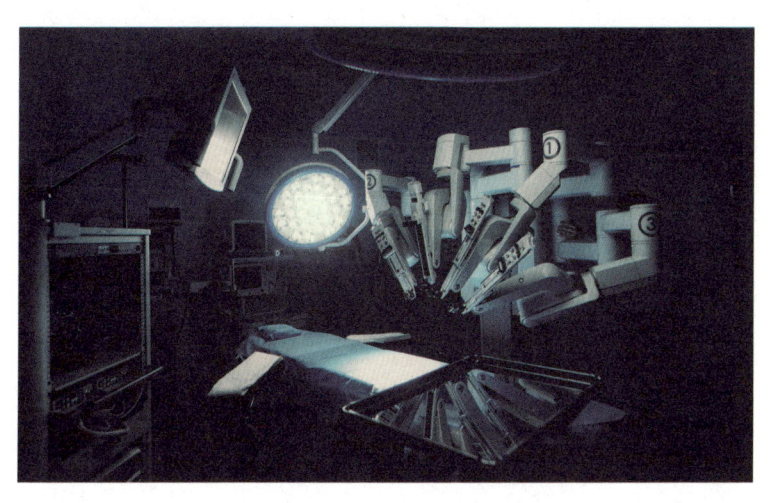

这就是未来吗？一个机器人外科医生。

济体带来了更多的收入与更好的选择范围。它甚至可能包括支付全民基本收入，以确保每个人都能从新技术中受益。

结构性失业

随着时间的流转，新技术确实在经济的其他领域创造了新的就业机会，但是在短期内，一些劳动者可能会面临非常严峻的就业环境。如果一名钢铁工人因新技术失去了工作，由于缺乏必要的技能，他可能无法在IT或休闲服务行业找到新工作。新技术可能会击垮某个地区，例如，如果技术进步冲击了采矿业，矿工密集的地区就可能出现很高的失业率，因为相关岗位的工人很难迁移到经济体的其他地区。因此，引入新技术确实会带来非常大的现实代价。尽管从长期来看新技术对社会是有益的，但是在快速转型时期，技术落后的地区可能会出现非常现实的失业问题，因为这些地区根本无力跟上技术进步的步伐。

卢德谬论是真实存在的吗

虽然有很多理由可以让人们消除对新技术的诸多担忧，但也确实存在一种情况，即卢德谬论的情形，新技术的确造成了大量人口失业。设想亚马逊、苹果、谷歌与特斯拉等一些大型跨国公司，它们是科技进步的主要推动者，并且都具有十分强大的市场影响力。这些公司都用新科技取代了员工的工作岗位，进而提高了生产率。然而，它们所拥有的垄断权却使它们不会通过降价的方式将效率提高带来的收益转给消费者，反而会利用其自身的垄断优势来抬高价格。在这种情况下，新科技带来的好处就都被这些跨国公司攫取了，它们因而获得了更高的利润，而普通的消费者却享受不到更低价格的实惠。因此，

第 47 章 卢德谬论

尽管从总体上看社会层面的收入增多了，但是部分消费者却并没有从中受益。事实上，这些人可能会因人工智能而失去原本不错的工作，同时还要面对不断上涨的物价。如果政府征收到更多的企业税，倒是可以为失业者提供福利。但是，如果这些跨国公司将其利润藏在避税港，社会就无法获得这些新增的财富。因此，在少数垄断企业占主导地位，许多劳动者找不到合适的替代工作的地方，整体失业率可能会上升。

近年来矿工的数量有所减少。

第48章

创造性破坏

创造性破坏是用来描述资本主义如何不断变化与发展的一个术语。

在资本主义发展的进程中,部分的变化与增长包括允许效率低下的企业退出市场。虽然这会导致暂时的失业与产出损失,但是从长期来看,为了让新想法、新产品及新企业得以崭露头角,这种退出是很必要的。"创造性破坏"一词是由经济学家约瑟夫·熊彼特提出的。熊彼特被卡尔·马克思的想法吸引,马克思曾著文表达了一个观点,资本主义倾向于通过战争和经济危机打破局面。马克思认为,这种周期性的资本主义危机浪费了社会资源,并对工人造成了伤害。熊彼特从截然不同的角度来看待这个问题,他认为,只有通过不断的变革,经济才能增长,才能激发出更高水平的生产力、新思想及新技术。

推动和维持资本主义引擎运转的根本动力来自新的消费

约瑟夫·熊彼特。

第48章 创造性破坏

品、新的生产方式或运输方式、新的市场以及资本主义企业所创造的新的工业组织形式。

——约瑟夫·熊彼特,《资本主义、社会主义与民主》(1942年)

　　这种观点与卢德谬论存在相当大的类同之处,因为它源于这样一种观察:当不好的事情似乎发生时——工人因新技术而失去了工作——经济体的其他方面就会出现好事。计划经济存在的一个重大局限性,在于它不允许很多国有企业倒闭,也没有工人会被裁员。这就造成了一种扭曲的激励机制。与努力引入新的想法与工作方式相比,保持现状更加轻松。因此,在资本主义制度下本应破产的企业却在计划经济体系中得到了政府的支持(仅代表作者个人观点)。

创新的重要性

　　创造性破坏之所以重要,在于它支持一种自由市场的经济

大街上一家已关张的商店,会有新来者取代它吗?

模式，即不干涉主义。企业为了不被竞争对手击败，必然会不断改进业务，降低成本并开发新产品。如果一家企业不能再盈利了，就说明该企业在使用资源方面的效率是比较低的，而通过企业倒闭这一机制，劳动者与资源就可以转移到生产率较高的领域。例如，假设在市中心有一家大型唱片店，由于数字下载技术的兴起，唱片店的销售额大幅下降。这家唱片店可能雇用了100人，位于黄金销售地段，如果它倒闭了，其店面（销售空间）也将被封，这100人就将失去工作。但是，随后在这个空间可以开办一家新企业，新企业可以利用这个地方为数字内容的创作者缔造一个既可当办公室又兼具工作空间的混搭场所，以适应对数字内容创作的大量需求。由此，这家唱片店的倒闭就为一家生产效率更高的企业提供了机会。倒闭的威胁也会促使企业改良经营方式。例如，如果一家报社看到纸质报纸的销售量在下滑，它可能就会为建立一个有付费墙的在线新闻网站投资，以获得新的经营形式的收入，而如果不向在线运营和付费墙转型，它可能就会倒闭。

如果回顾一下过去100年的情形，我们就会发现，顶级企业的名单一直都在不断发生变化。第二次世界大战后曾经最大的50家企业，现在看起来已经七零八落。很多传统零售商都因被沃尔玛与亚马逊等新的竞争对手超越而被迫倒闭，原因在于后者找到了降低成本及创新经营方式的新途径。从消极方面来说，我们失去了许多老牌的零售商，如伍尔沃斯；但从积极方面来说，我们则亲眼看到许多日用品已变得物美价廉。

创造性破坏的代价

从学术的角度来说，写出关于创造性破坏与自由放任经济学的长处是很容易的。从长远来看，正是商业的毁灭与再造使人们的生活水平不断提高，并提供了更多种类的商品供人们选择。但这并不意味着在创造性破坏的过程中，没有产生实际的成本。当效率低下的企业被迫倒闭时，一些劳动者在努力寻找新工作的过程中可能会经历数年的结构性失业。此外，当一个行业倒闭时，并不一定会出现新的行业来取代它。"铁锈地带"指的是美国中西部及东北部的一些州，当这些州的制造业陷入衰退时，并没有出现可以取而代之的新的工作岗位和新的企业。实际上，彼时该地区的经济衰退不断加剧，促使人们纷纷离开，导致了城市内核的空心化，社会问题也随之抬头。新的产业正在酝酿，但它们却主要集中在大城市，这就造成了大城市的人口过剩与住房短缺问题。

市场力量只考虑利润，而不考虑社会福利等更广泛的问题。例如，在20世纪20年代，美国的汽车工业极速成长，在有利

宾夕法尼亚州的阿什利市，美国"铁锈地带"的一套封闭式碎煤设施。

无情的经济学

创造性破坏忽视了自由放任的经济模式中外部性的作用。汽车的兴起及公共交通的衰落在美国多个大城市都造成了环境污染与交通拥堵问题的不断加剧。

于汽车产业发展的法律的助力下，其排挤掉了铁路公司及公共汽车公司，使城市中心成为汽车的专属领域。从某种意义上说，这是一种进步：汽车是一项伟大的发明，它提升了人们出行的自由度，降低了交通成本，但是也付出了代价。汽车造成了环境污染、道路拥堵及交通事故等负外部性。美国的城市都被汽车主导了，这使它们变成了不那么宜居的地方。当地方上的公共交通企业被迫停止运营时，我们可以说创造性破坏实现了，而公共交通系统形成的社会效益也消失了。最后一个观点是，在严重的经济衰退中，优质又高效的企业也可能仅因当前市场的状况而被迫倒闭。例如，在2009年的经济衰退中，美国汽

第 48 章 创造性破坏

车产业濒临破产。一些人认为，最好让市场自行决定——如果大型车企宣告破产，从长远来看这将是最好的选择。但是政府却决定进行干预，并出手救助汽车企业。随着经济的复苏，汽车产业也复苏了，局面得到了扭转，而如果当时允许创造性破坏的进程自然发展，这种扭转则是不可能发生的。

第49章

移民的影响

移民是一个经常引发人们争论的政治问题,因为大量外国人的涌入带来了一系列文化、社会及经济方面的影响。

如果一个经济体经历了大量净移民的情形,这是否会为其带来经济利益的问题,对此问题,学界存在着不同的观点。人们对移民有一种担忧,认为劳动力供给的增加将拉低工资水平,并使本土劳动者更难保住就业岗位。这个论点是以简单的供求

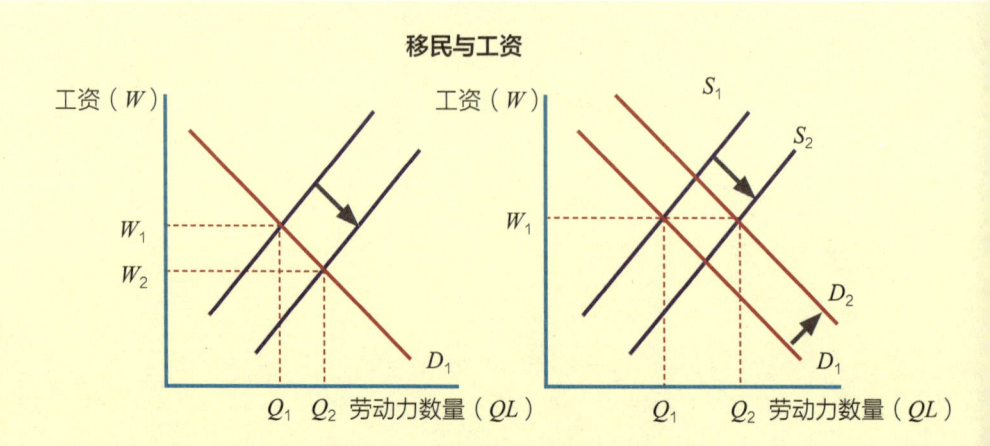

移民与工资

劳动力供给的增加会导致工资降低。但是,倘若需求也同步增加了,工资就可以保持不变。

1887年抵达纽约的移民。

分析为基础的:如果供给增加,那么工资水平就会下降。

移民会拉低工资水平吗

移民会拉低工资水平的观点只孤立地看到了劳动力市场的局部状况,因为净移民不仅影响着劳动力的供给,也影响着劳动力的需求。如果有更多的人在一个经济体内生活、工作及消费,那么总体上人们对商品与服务的需求就会增加,因此对劳动力的需求也会相应地增加。净移民本质上类似于人口增长:人口增加了,经济体的总体规模就扩大了。因此,净移民本身并不太可能对整体的工资水平产生过大的影响。

然而,如果净移民主要是由缺乏资质的低技能工人构成的,那么劳动力市场上就会出现不成比例的低技能劳动力数量的增长,他们愿意接受较低的工作报酬。在这种情况下,低技能的本土劳动者就将看到行业工资水平下降了,因为他们所在的工作岗位竞争程度加剧了,而对这些岗位的需求却没有出现相应的增长。受过专业培训的劳动者则不会受到移民的影响。

关于移民影响的研究已经数不胜数,其结果却往往莫衷一是。移民会导致低技能劳动者的工资降低,但是这一影响通常都是相当有限的。

移民对失业的影响

移民让人们特别担忧的一点是,它会造成失业。如果净移民出现在高失业率时期,可能就会带来多出的劳动力加剧了失业状况的问题,因为经济衰退本身就意味着经济体中缺乏足够的需求。然而需要再次强调的是,此时的问题并非出在移民身上,而是出在经济体身上。经济衰退时,由于本已存在工作岗位短缺的问题,所以就更无法吸纳多余的劳动力。然而,当经济复苏时,很多人将能够找到工作,因为此时劳动力供给的增

移民的原因图解

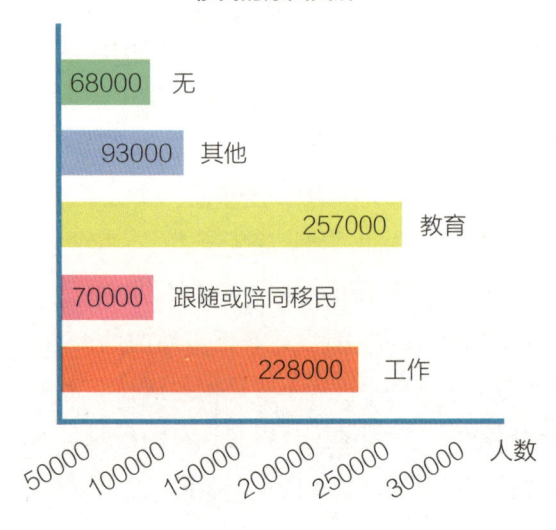

原因	人数
无	68000
其他	93000
教育	257000
跟随或陪同移民	70000
工作	228000

长与劳动力需求的增长一拍即合。

实际上，在失业率较高及经济衰退时期，移民的动机会显著减弱，因此在没有工作机会的情况下，移民的数量自然就会减少。爱尔兰在 21 世纪初的经济繁荣时期曾吸引来大量的建筑工人，但是当房地产市场开始转型，房价也开始下跌时，其移民率就大幅下降了。随着经济形势发生变化，许多人都会选择回到自己的祖国，而不是留在爱尔兰忍受失业的痛苦，所以爱尔兰的失业率就稳定下来了。此外，如果我们看看那些净移民率非常高的经济体，如 19 世纪与 20 世纪之交时期的美国，会发现其移民数量与经济体所创造出来的大量就业机会是相当匹配的。

移民的年龄分布

劳动力的年龄结构也是决定净移民有效性的另一个因素。如果移民都很年轻且都处于劳动年龄，就可以通过增加劳动力数量及降低抚养比[1]的方式来促进经济增长。对政府预算而言，劳动年龄人口是净贡献者，因为他们缴纳着最多的所得税，却并不会获得最多的养老金等政府福利。而且，医疗保健支出中的绝大部分总是主要用在老年人身上。净移民还可以改善公共财政状况，因为新增的劳动者都是净贡献者。随着许多西方经济体日益面临低出生率与高人口老龄化率，这一点会变得越来越重要。老龄化人口会给政府财政制造压力，因为他们会使养老金与医疗保健支出不断增加。年轻的劳动年龄移民人口有助

---

1 抚养比是指一个经济体中 60 岁或 65 岁及以上的老年人口数量与 15～59 岁或 15～64 岁的劳动年龄人口数量之比，该比率衡量每 100 名劳动年龄人口所抚养的老年人口的数量。译者注。

于改善政府的财政状况，还能填补很多空缺岗位，例如，护理工作者及医疗人员岗位。

为什么移民一直不受欢迎

通常，移民被吸引来到一个国家是因为经济机会的因素，所以，移民是很有可能处在劳动年龄的。因此从理论上讲，净移民应该会带来更高 GDP 的整体经济效益，改善公共财政状况，并有助于填补那些不受欢迎的空缺岗位。例如，欧盟的人员自由流动政策就导致了劳动人口从东向西的大规模流动。虽然该政策带来了一些经济效益，却不受欢迎，并且成为英国决定离开欧盟的因素之一。为什么这样做的经济效益不够明显呢？首先，移民通常都集中在特定的地区，由此使得某些地区的人口数量显著增加，给当地的交通、住房、公共服务及便利设施都带来了更大的压力。从宏观经济的角度来看，公共财政

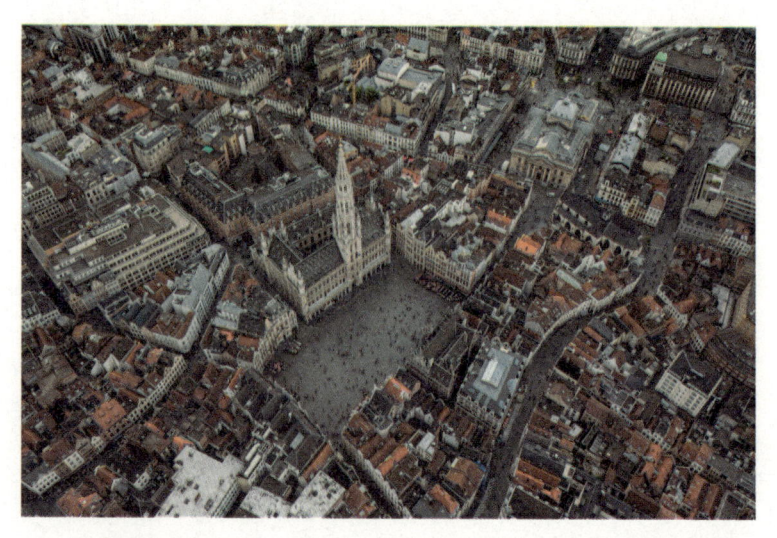

人口稠密的布鲁塞尔是比利时的首都，大量的人口有助于形成规模经济。

很可能会得到改善,但是生活在某些地区的人们却可能看不到有任何明显的投资活动,而只能看到更长的等候名单及更高昂的住宿成本在等待着他们。从理论上讲,政府可以利用改善了的税收收入为住房及公共服务进行投资,但它此时却可能正在应对自身的财政紧缩问题,从而没有这样做,这意味着当地人将只能看到本地区人口增长所带来的负面影响。

我们倾向于认为,人口密度的增大确实会产生负面影响,造成一些现实问题。当供给有限时,租房价格的上涨速度就会超过通货膨胀与工资增长的速度。但是,较大的人口密度也会形成一些优势,人口密度越大,公共交通及公共投资的回报率就会越高,这就产生了规模经济效应。从环境角度来看,与农村地区相比,城市等人口密集地区的人均净碳排放量的数值要低得多。比利时与荷兰等人口密度较大的国家可以随着经济体对人口密度的逐渐适应而拥有较好的生活质量。

第50章

房地产市场

同许多市场一样,房地产市场也会受到供求关系的影响,但房地产市场对居民家庭及整体经济来说尤为重要。

近年来,亚洲、欧洲与美洲的众多房地产市场都见证了房屋价格的涨幅超过通货膨胀的涨幅这一现象,这导致人们买房与租房的成本都变得非常高昂。对居住在城市的人们来说,可能有高达50%的可支配收入都被用于支付房租或偿还抵押贷款了,这使得房子成为人们追求高品质生活的一大拖累。为什么房价会变得如此之高?谁是赢家,谁又是输家呢?

在英国,房价上涨的速度已经超过了通货膨胀与人们收入增长的速度,而在20世纪90年代中期,英国的平均房价还不足人们平均收入的3倍,到了2022年,英国的房价已经达到人们平均收入的7倍了。

为了理解房价的上涨,我们可以运用简单的供求分析法。在人口密集的地区,建造新楼盘往往困难重重,我们想保护日渐减少的绿地,因此对建造新楼盘的想法持抵制态度。在大城市,几乎已没什么可用的空间来建造足够的住房,以满足人们日益增长的需求了。对房屋供应方面的限制强有力地推动了房价的上涨,以致其增速超过了通货膨胀的增速。然而,这并不是造成房价上涨的唯一因素。

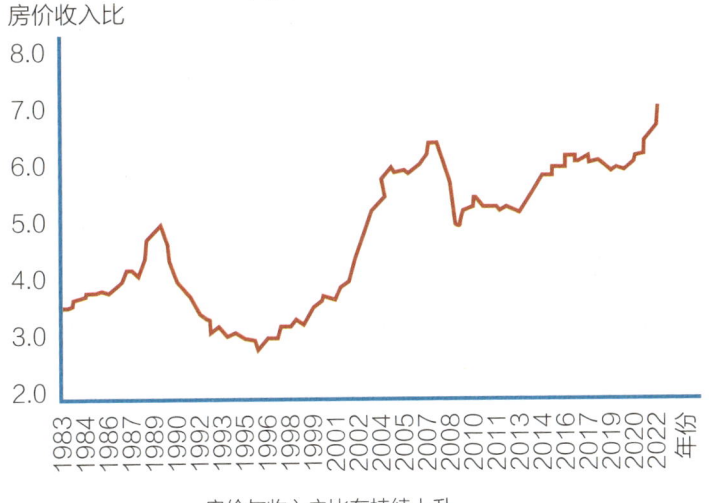

英国的房价与收入之比

房价与收入之比在持续上升。

有多方面的原因会造成住房需求的增长。首先,即使是人口数量增长有限的国家,居民家庭的数量也在快速增多。我们不再生活在一个大家庭里,独自生活的人越来越多,结果就是家庭数量增多了,且这一增速超过了人口增长的速度。其次,在2008年至2022年,我们观察到了另一种现象,这一现象使得购入房产的吸引力越来越大。为了应对经济增长的低迷,中央银行将利率降至极低的水平,通过抵押贷款购房因而受到人们的追捧。在利率接近于零的情况下,将钱存入银行或者购买债券的回报率都很低,作为替代方案,投资者完全可以利用低成本的贷款去购买房屋,然后再通过租金收入及房价的上涨来获得可观的收益。因此,价格的上涨改变了购房的用途,投资者越来越多地选择买房出租,而不是买房自住。而房价的强劲上涨只会使得试着加入房地产热潮这件事对人们形成足够的诱惑力。

无情的经济学

影响房价的因素

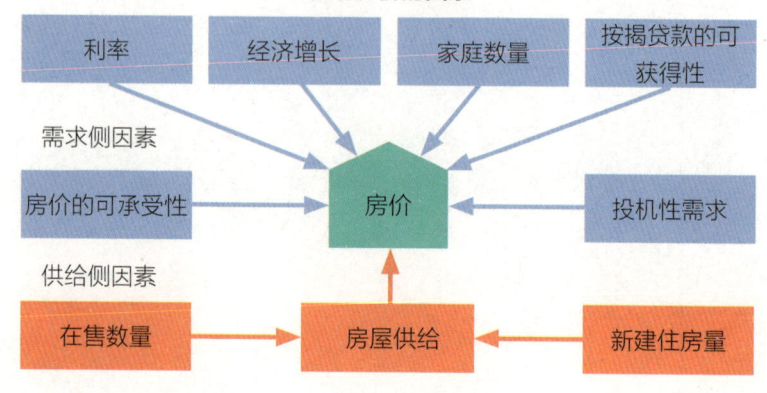

需求侧因素：利率、经济增长、家庭数量、按揭贷款的可获得性、房价的可承受性、投机性需求

供给侧因素：在售数量、新建住房量 → 房屋供给 → 房价

谁会受益，谁会受损

高房价的问题在于它造就了赢家与输家。赢家是房东和购房出租的投资者，他们都能从资本增值及良好的收入流中受益。房屋的高回报率造就了一个良性循环，至少对他们这些人来说是这样的：他们可以将利润再用于投资，购买更多的房屋，从而进一步推高房价。输家则是年轻人，他们发现买房这件事超出了其能力范围，因此他们不得不进入租房市场，而由于住房供应量有缺口，租房市场租金的涨幅也已超过了通货膨胀率的涨幅。每个月租房都需要一大笔开支，但是，这笔开支既不具有投资属性，也不如为退休后有自己的住房而偿还抵押贷款那样，能获得一份期权。那些并未购房的"租房一代"未来将发现，他们的退休生活会是另一番光景，那时他们不再有收入，却仍然需要继续支付房租。

房价暴跌

人们很容易陷入这样的思维误区，即认为供需因素会一直推动房价上涨。我们当然有理由相信，房价会一直保持在相对高位，但这并不意味着它一定不会下跌，如 2006 年至 2008 年，房地产市场就崩盘了。2022 年夏季，各国的中央银行都开始提高利率，以应对高企的通货膨胀率。问题在于，随着利率开始上升，人们购房的意愿会突然发生改变，因为投资者看到回报率在下降，再加上经济增长放缓与人们的实际收入减少，这些因素都可能突然导致消费者的信心发生扭转，投资者可能会在房价进一步下跌之前就开始抛售房产。在美国、西班牙与爱尔兰等国家，由于全球金融危机引发了信贷紧缩，市场条件发生了根本性的变化，致使房价的下跌幅度高达 50%。但是因为英国房地产市场的供给不足，所以英国房价的下跌幅度相对较小，为 20%。因此，如果房地产经纪人或抵押贷款的销售人员试图用"这一次的情况不一样"为理由来说服你，或者告诉你房价是永远不会下跌的，请你一定要多加小心。

房地产市场的重要性

　　房地产市场本身可以对更广泛的经济产生影响。房产是个人财富最重要的形式，有 50% ～ 70% 的家庭都住在自有住房里（不同国家的这一比例并不相同）。如果房价上涨，会产生积极的财富效应，房屋所有者会因为他们的主要资产增值了而感到更加自信。此外，随着房价上涨，他们还可以再抵押房屋以获得资金来购买其他物品。在自有住房拥有率高达 70% 的英国，繁荣的房地产市场在刺激消费者支出方面发挥了积极的作用。在 20 世纪 80 年代末，房价的上涨就曾助推英国经济走向了繁荣。但是当房价下跌时，消费者的信心也会因其资产的贬值而丧失。房价的大幅下跌还可能会导致银行亏损，因为如

无情的经济学

果它们回收了尚未付清贷款的违约房屋,其所能获得的资金金额将低于贷款总值。这在 2008 年就曾经成为一个严重的问题,当时银行不得不冲销数十亿美元的不良抵押贷款,结果减少了放贷。而在那些自有住房拥有率较低的国家,房价下跌造成的影响则可能比较小,因为不少年轻人可能会从较为便宜的租金与较低的房价中受益。但最重要的问题通常是,消费者的信心会因房价的下跌而丧失。

当房价上涨时,消费者的支出也会增加;但是当房价下跌时,消费者的信心也会随之丧失。

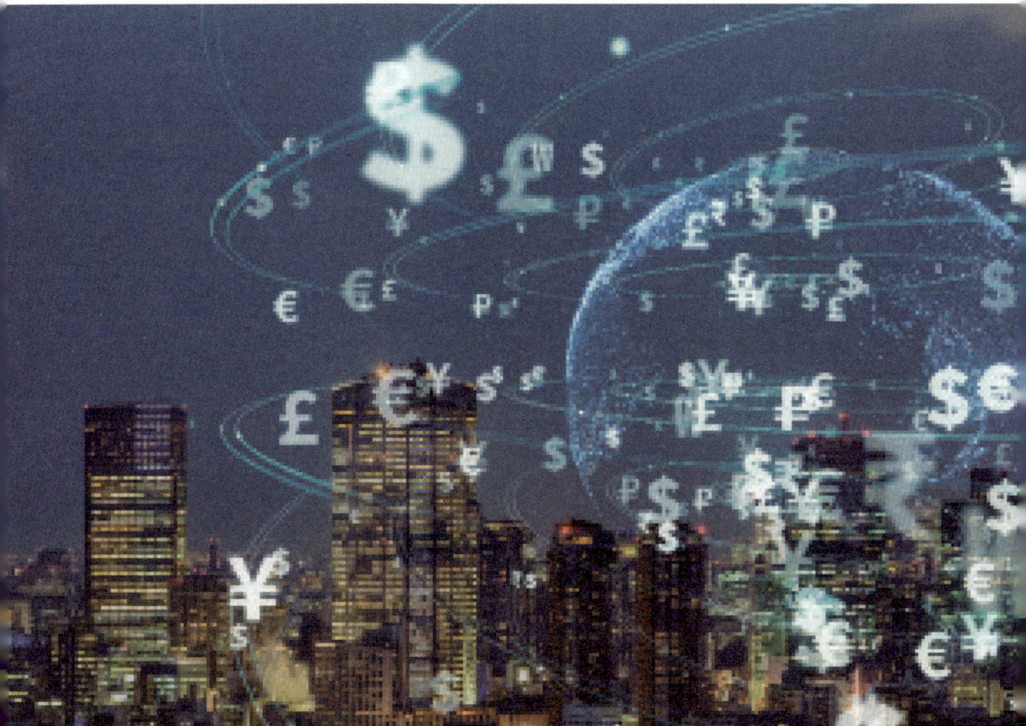